Mindfulness

Y BIENESTAR

Laura García Aros es *coach* con certificación internacional (ICF), especialista en desarrollo y gestión de equipos de alta dirección y cambio cultural. Posee más de 15 años en consultoría empresarial y *coaching* ejecutivo. Experta en gestión emocional del cambio en equipos y personas. Formadora de *coaches* y rectora de la Tecnicatura Superior en Liderazgo. Abogada y mediadora. Escritora de *Las emociones van a la escuela* y *de Docente* coach y de Mindfulness: observar, escucar, respirar, detenerse para este mismo sello editorial.

Y BIENESTAR

Laura García Aros

García Aros, Laura
Mindfulness y bienestar / Laura García Aros - 1a ed. -
Buenos Aires : Grijalbo, 2023. 128 p. ; 23 x 15 cm.

ISBN 978- 950-28-1599-2

1. Autoayuda. I. Título.
CDD 158.1

Edición: María Laura Caruso
Diseño de tapa e interior: Adriana Llano
Ilustración de tapa: Camila Villalba
Corrección: Marisol Rey

Printed in Argentina – Impreso en Argentina

ISBN: 978- 950-28-1599-2

Queda hecho el depósito que previene la ley 11.723.

Esta edición se terminó de imprimir en Gráfica Pinter S.A.,
Diógenes Taborda 48, Ciudad de Buenos Aires, en el mes de marzo de 2023.

ÍNDICE

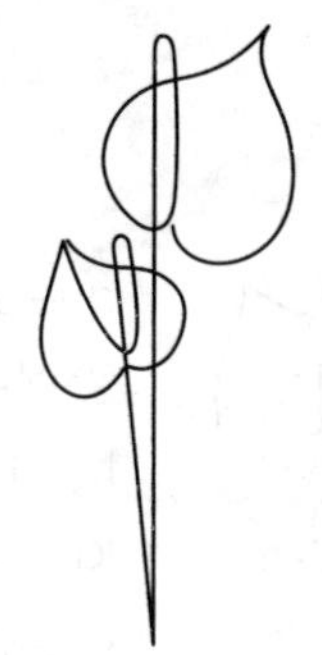

Introducción

¿DE QUÉ HABLAMOS CUANDO DECIMOS "*MINDFULNESS*"?

Una aproximación al concepto es traducirlo como cultivar la `atención plena´, también llamada "consciencia plena", o atención consciente.

Mindfulness es una disciplina orientada a acceder en forma rápida y fácil a la esencia de la meditación basada en la atención plena y sus aplicaciones.

La atención plena consiste, fundamentalmente, en estar conectados con el momento presente, con lo que nos acontece, experimentando desde nuestros sentidos, deteniéndonos a vivir lo que sucede, evitando que nuestros automatismos impidan el disfrute y el aprendizaje que nos trae cada experiencia.

La práctica del *mindfulness* nos entrena para estar conscientes a diario, para detenernos voluntariamente a observar, sentir y actuar.

Nos entrena para tomar un tiempo diario para estar presentes dándonos un espacio para frenar y contactarnos con lo que nos pasa.

Solo se trata de parar y de caer en la cuenta de que estamos aquí habitando este espacio y este tiempo; de

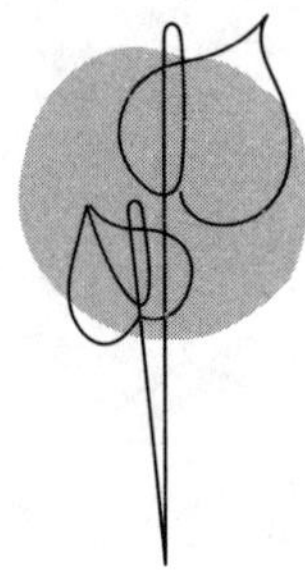

que solo tenemos este punto focal: el ahora, y de que no existe ni pasado ni futuro en este instante.

No hay nada que cambiar, ni tenemos nada que hacer, tan solo recordar el ahora.

El cultivo del *mindfulness* puede compensar y equilibrar nuestra vorágine. Puede ayudarnos a descubrir y recuperar dimensiones ocultas de nuestro ser para reconectar con nuestra humanidad.

El *mindfulness* puede suponer un contrapeso a nuestra agenda desbalanceada sin necesidad de parar nada. Solo somos nosotros quienes tenemos que parar y apenas durante este momento.

Es como detenerse a respirar. Observar nuestra respiración acelerada, torácica y permitirnos, por breves instantes, unas respiraciones profundas, plenas, sintiendo que todo nuestro cuerpo respira. Y seguir nuestro día con más oxígeno y energía.

La finalidad de este libro es reflexionar sobre el poder de estar presentes frente a lo que nos acontece aprendiendo a experimentar y a disfrutar en plenitud.

¿QUÉ ES LA ATENCIÓN PLENA?

La atención plena es una antigua práctica budista que adquiere mucha trascendencia para nuestra vida actual. Desde la perspectiva budista, se considera que el estado de consciencia que tenemos durante las horas de vigilia es limitado y limitante, en muchos casos más parecido a un prolongado sueño que a un auténtico estado despierto. La meditación nos ayuda a despertar de este sueño caracterizado por el funcionamiento automático y la inconsciencia, y nos brinda la posibilidad de vivir teniendo acceso a un mayor espectro de posibilidades.

Este tipo de atención permite desarrollar mayor consciencia, claridad y aceptación de la realidad del momento presente.

Si no estamos presentes, es posible que nos perdamos aquello que es más valioso en nuestra vida, e incluso que no nos percatemos de las posibilidades de crecimiento y transformación que están delante de nosotros.

Cultivar la atención plena es el arte de vivir de forma consciente. No es preciso ser budista, yogui ni taoísta para practicarla. El budismo busca el despertar de la propia consciencia y dejar surgir nuestra naturaleza profunda sin imponer ni contrariar ninguna cultura o creencia.

Esta práctica no va a entrar en conflicto con ninguna creencia o tradición, ya sea religiosa o científica. Es simplemente una forma de estar más en contacto con la plenitud de nuestro ser por medio de la autoobservación, de la autoindagación y de la acción atenta.

Los frutos de esta práctica son la amabilidad y la capacidad de apreciar y nutrir tanto nuestro interior como nuestro contexto externo.

ACTITUDES BÁSICAS PARA ANDAR EL SENDERO DE LA ATENCIÓN PLENA Y BENEFICIARSE DE LAS PRÁCTICAS

No juzgar: Esta cualidad de la consciencia implica cultivar la observación imparcial de cualquier experiencia. No etiquetar pensamientos, sentimientos ni sensaciones como buenos y malos, correctos o incorrectos, justos o injustos, sino simplemente tomar nota de ellos en cada momento.

Paciencia: Esta reconoce que las cosas deben evolucionar a su propio ritmo, y es un magnífico antídoto contra la agitación que puede surgir bloqueando la verdad del momento presente. La paciencia se enfoca en el proceso, disfruta del camino y del aprendizaje que aporta, soltando el resultado.

Mente de principiante: Esta cualidad de la consciencia ve las cosas como nuevas y frescas, con un sentimiento de curiosidad, dejándose sorprender por los eventos como si se vivieran por primera vez.

Confianza: Se trata de honrar la propia experiencia y aprender a escuchar atentamente el corazón, la mente y el cuerpo. Aprender a confiar en uno mismo es esencial para realizar estas prácticas y cultivar el equilibrio emocional.

No esfuerzo: Con ella se disminuye el apego, la aversión al cambio y permite fluir con lo que surge en cada momento; no esforzarse significa no intentar ir a alguna parte que no sea donde uno se encuentre.

Aceptación: Es la cualidad de la consciencia que valora y reconoce las cosas tal como son. Aceptar los hechos no significa que se tengan que amar, ni siquiera que deban gustar. Se trata de conectar con lo que es verdad en cada momento y soltar la tendencia a negar, rechazar o evitar.

Dejar ser: Con esta cualidad de la consciencia, simplemente se puede permitir que las cosas se queden como están, sin necesidad de empeñarse en dejar ir lo que esté presente. Tomar contacto con lo que está sucediendo sin intervenir permite observar y aprender el mensaje que trae consigo cada circunstancia.

Humor: No se puede forzar, pero sí se puede fomentar y acoger. Es un magnífico aliado cuando se trata de observar las maquinaciones de la mente. Crea espacio en ella para contrarrestar la tendencia a la tensión y la contracción ante cualquier experiencia desagradable. El humor relativiza y hace más liviana la vivencia que genera disgusto.

Curiosidad: Muchas ideas que conducen al equilibrio, a estar en eje, implican ver las cosas tal como son, y a la vez, indagar su causa y sus consecuencias.

Cariño: *Mindfulness* a veces se define como "atención cariñosa". Cuando la consciencia posee las cualidades del cariño y la ternura, es mucho más fácil acercarse a la experiencia para conocerla plenamente, en especial cuando es dolorosa y provoca sentimientos de vulnerabilidad.

Te invito a que te acerques a estas cualidades como recordatorios amables de actitudes positivas para tu vida y no como obligaciones. Son tendencias para cultivar amigablemente sin tensión.

Capítulo 1

MINDFULNESS Y EQUILIBRIO EMOCIONAL: LA INTENCIÓN Y LA ATENCIÓN

En este capítulo hablaré de cómo funcionan las emociones y de cómo relacionarnos con ellas con atención plena. Exploraremos juntos estrategias para regularlas sin reprimirlas, ni suprimirlas, logrando que no se disparen en automático y "secuestren" nuestra respuesta a lo que acontece.

Imagínate que tienes que ponerte a estudiar o tienes que realizar un informe que te han pedido, para el que aún no tienes fecha de entrega. En ese momento te viene a la cabeza un pensamiento que te dice "antes de realizar lo que tienes que hacer sería mejor que te cambies de ropa para estar más cómodo". Entonces, dejas lo que estás haciendo y te vas a cambiar de ropa. Mientras vas caminando pasas por la cocina y se te ocurre comer algo antes de ponerte a hacer lo que tienes que hacer, para luego no tener que levantarte e interrumpir la actividad. Tomas algo para comer. Y mientras estás comiendo, miras por la ventana, ves el día tan bonito que hace y decides salir a dar un paseo para hacer algo de ejercicio antes de sentarte a cumplir con tu deber.

Cuando te quieres dar cuenta, han pasado dos horas. Y el tiempo que tenías dedicado a esa tarea se ha agotado. Entonces, *empiezas a ponerte nervioso, te estresas* y entra en juego el *sentimiento de culpa*. Empiezas a preocuparte y agobiarte por el tiempo, lo que te hace aún menos productivo y eficiente.

¿Qué ha ocurrido? ¿Cómo han influido las emociones en la conducta y las decisiones que se tomaron en el ejemplo?

Es probable que la actividad propuesta, como estudiar o hacer el informe, genere cierto rechazo o disgusto, lo que hace que tendamos a evadir la actividad. Buscamos, entonces, un placer transitorio que nos lleva a postergar la tarea. Luego aparece el sentimiento de culpa por el tiempo perdido y eso impacta en nuestras autoestima y autoconfianza.

¿Con qué instrumentos contamos para cambiar aquello que dispara nuestras emociones, para sortear los mecanismos de valoración automática que condicionan nuestras acciones con el fin de evitar comportamientos inefectivos?

Debemos entender que las emociones fueron diseñadas para que se produzcan sin pensar: para empujarnos a la acción y a la seguridad sin detenernos en el análisis. Los mecanismos cerebrales están constantemente escaneando las experiencias para ver si existe alguna amenaza oculta para nuestro bienestar o alguna oportunidad de la que nos podamos beneficiar.

Las emociones también pueden ser desencadenadas por mecanismos distintos a las "valoraciones automáticas"; recordar, hablar o imaginar una escena emocional del pasado, o pensar en escenarios futuros puede dar origen a ellas.

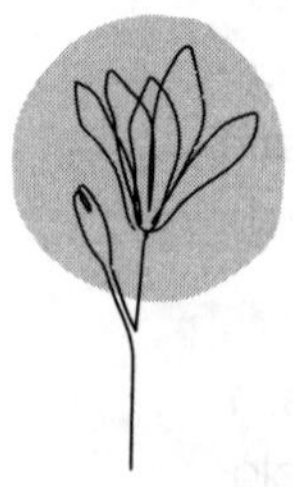

Observar las emociones de otras personas también puede generar una reacción emocional. Las emociones se pueden evocar mediante la instrucción y mediante la representación voluntaria de sucesos emocionales, como se hace en los juegos de rol o en el teatro. También se nos pueden despertar al ser testigos o al saber de la violación de alguna norma, por ejemplo, hablar por el móvil en un concierto o tirar papeles en el suelo en la vía pública.

Cualquiera que sea el desencadenante de las respuestas emocionales, podemos clasificarlas en *funcionales* o *disfuncionales*. Cuando de forma automática nos apartamos del coche que se nos viene encima, la reacción de miedo es extremadamente funcional, en cambio, si tenemos miedo de salir de casa por temor a que ocurra algo terrible, ya nos ubicamos del lado disfuncional del miedo, un trastorno que con probabilidad proviene de un guion importado de un trauma del pasado. Si estos guiones importados están relacionados con temas universales, tienen, naturalmente, más arraigo y son más difíciles de modificar. Un tema universal de la tristeza es la pérdida; de la ira, la obstaculización de nuestros objetivos, y del miedo, el daño físico o de otra índole.

Las emociones son fundamentales para la experiencia de los seres sintientes. Te propongo que cierres un momento los ojos e imagines cómo sería la vida sin ellas. A veces las emociones nos abruman, pero lo más probable es que la idea de vivir sin ellas se nos antoje insulsa y aburrida. Necesitamos las emociones para orientar nuestras acciones e interpretar las circunstancias en que nos encontramos, organizar las prioridades y centrar nuestras fuerzas en direcciones significativas. La propia palabra "emoción" lo sugiere, emoción procede del latín *e-movere*, "e" significa: 'fuera' y "movere": 'mover', es decir, las emociones nos ponen en movimiento.

Con el fin de ahondar en el tema, vamos a seguir al psicólogo clínico y experto en emociones Paul Gilbert, que postula que los seres humanos tenemos tres sistemas de regulación emocional principales. Estos son: *el de amenaza y protección*; *el de impulso, búsqueda de recursos y excitación*, y el de *calma, afiliación, alivio y seguridad*.

Veamos brevemente estos tres sistemas para poder incorporar recursos de gestión emocional.

El *sistema de amenaza y protección* está dirigido a percibir los peligros potenciales del entorno y provoca el estallido de emociones como la ansiedad, la ira, la indignación y el asco. Es el que te permite reaccionar con eficacia para evitar ese peligro inminente.

El *sistema de impulso, búsqueda de recursos y excitación* es responsable de fomentar o motivar la actuación rápida para asegurar la supervivencia y la respuesta del cuerpo. Este sistema regula las emociones y las motivaciones relacionadas con la búsqueda de recursos importantes del entorno como la comida, oportunidades sexuales, alianzas, sitios donde asentarse y territorio. Es un sistema de deseos que empuja a los seres humanos hacia sus objetivos y recompensas mediante la hiperactivación y los sentimientos positivos, como la excitación y el placer. Es el sistema que te dice: "qué esperas, ve y consíguelo".

Por último, se encuentra el *sistema de calma, afiliación, alivio y seguridad*, que está relacionado con las cualidades emocionales de la alegría y con el hecho de sentirnos contentos y seguros, lo cual no solo implica la ausencia de riesgo, sino también el surgimiento de emociones agradables y apacibles y una sensación de bienestar. Este sistema se activa cuando estamos con personas con las que nos sentimos vinculados emocionalmente, en sintonía y seguros, en especial con amigos y familiares. Cuando esto ocurre, la oxitocina, la magnífica hormona de la vinculación afectiva y la conexión, genera en el cuerpo y la mente sentimientos de confianza, de afiliación y de tranquilidad en las relaciones, también disminuye la sensibilidad de los peligros en los circuitos del miedo en la amígdala, la pequeña, pero potente alarma cerebral contra el peligro.

Hasta hace 70 años, lo habitual era pensar que el sistema nervioso era fundamentalmente inmutable a lo largo de la vida adulta, que las funciones cerebrales se mantenían constantes y que era imposible que se desarrollaran neuronas nuevas después de la infancia. Si nacías con la actitud de ver la botella medio vacía, estabas condenado perpetuamente a la desdicha. La neurociencia lo ha cambiado todo con el concepto de "neuroplasticidad", es decir que, en realidad, el cerebro es flexible y cambia a través de la experiencia. Esto significa que, aunque existan ciertas reglas fijas sobre la mente y el cuerpo, también es verdad que no estamos biológica ni psicológicamente determinados y que existe un espacio real de libertad.

De forma consciente o inconsciente, estamos todo el tiempo entrenando la mente y el cerebro para que respondan ante las circunstancias de diferentes formas. Debido a la repetición de nuestras reacciones, estas se cristalizan en patrones emocionales y senderos neuronales, los cuales, a su vez, influyen en cómo percibimos la realidad. Así ocurre en especial cuando nos domina una emoción intensa, una situación a la que se suele denominar "período refractario", un espacio de tiempo en el que solo somos capaces de asimilar información y evocar recuerdos que confirman, mantienen o justifican la emoción que estamos sintiendo (sesgo de confirmación, que solo deja pasar la información que corrobora nuestra mirada y nuestro sentir en relación con lo que sucede). Este mismo mecanismo que dirige y centra nuestra atención también puede limitar nuestra capacidad de adquirir información nueva y acceder a conocimientos almacenados (el sesgo de confirmación).

El propósito en este capítulo es invitarte a explorar distintas herramientas observacionales, meditativas y reflexivas que, poco a poco, puedan aportar a tu vida emocional la cálida espaciosidad de la consciencia plena en todos los momentos. Tendrás en tus manos un espacio de libertad en el que cultivar gradualmente una forma de relacionarte con tus experiencias, incluidas las emociones, para que puedan traer un sentido de amplitud, de apertura, en cualquier situación en la que estés. Esto no significa que las emociones difíciles vayan a desaparecer como por arte de magia.

El propósito de la práctica del *mindfulness* es entrenar y facilitar la respuesta del sistema de afiliación, calma, alivio y seguridad generando un espacio entre el estímulo y la respuesta habitual, con el fin de entrenarnos en elegir y decidir según el evento, no reaccionando en automático con enojo, miedo, ansiedad, algo propio del sistema de defensa y así poder actuar con serenidad y equilibrio. Acentuar el peso específico de este sistema posibilita tomar mejores decisiones y cultivar relaciones humanas de calidad, permitiendo cuidar y aumentar el bienestar en todos los ámbitos de la vida personal y profesional.

PRIMERA PRÁCTICA: OBSERVAR LA INTENCIÓN

Mientras leas estas palabras, en algún momento querrás mover el cuerpo para mitigar cierta inquietud o incomodidad. Observa si puedes atrapar ese sentimiento de incomodidad antes de moverte y retrasar la respuesta a esta tendencia unos 30 segundos, en ese brevísimo tiempo puedes sentir la intención de moverte. Ese momento en el que estás a punto de reaccionar, en el que el cuerpo se decanta hacia la siguiente acción, si sabes sentirlo, atrapas el instante de la intención, que sucede antes de que te dé la acción.

Este ejercicio sencillo que te propongo y que puede parecer intrascendente, en realidad, abre la puerta a una verdad más profunda. El momento de la intención previo a que te rasques la nariz es un ejemplo de una intención simple y aparentemente carente de importancia, pero la vida está compuesta de estos simples momentos, y si estamos permanentemente pasando de una acción a la siguiente sin ser conscientes de nuestras intenciones, es muy probable que vivamos dirigidos por el piloto automático, lo que trae consecuencias a distintos niveles. La desregulación emocional suele existir en función de una suma de momentos separados de causa y efecto que se suceden con tanta rapidez que, por lo general, están por debajo del umbral de la consciencia. Sintonizar con la intención es una forma de detener el efecto de bola de nieve que muchas veces se traduce en un comportamiento del cual nos arrepentimos.

EJERCICIO 1. EL POZO (meditación creada por el maestro budista Alan Wallace)

Es recomendable que esta meditación guiada la leas y la grabes en tu celular para poder repetirla tantas veces como creas necesario. Conviene iniciar cualquier sesión de meditación guiada con tres respiraciones profundas. Al inhalar, procura dirigir el aire hasta el fondo del abdomen e imagina que llenas todo el torso con la respiración, desde el vientre hasta las clavículas, como si llenaras una vasija con agua. A continuación, al exhalar, expele todo el aire desde el torso hasta llegar a la parte inferior del vientre, dejando muy plano tu abdomen, como si tomaras contacto con tu columna vertebral. Si puedes, deja que la exhalación sea más larga que la inhalación. Después de exhalar tres veces, permite que la respiración recupere el ritmo normal.

Ahora con el ojo de la mente, imagina uno de esos antiguos pozos de agua, de los que se hunden en el suelo hasta llegar al agua fría y cristalina. Cierra los ojos un momento y hazte una imagen clara de la escena. Quizás una suave loma cubierta de hierba, un arco de piedra sobre el pozo y un cubo de madera. Fíjate en la temperatura, el cielo y cualquier otro detalle que te pueda situar en la escena. Enfrente de ti, en el suelo, hay una bonita piedra. Te inclinas y la tomas, sientes en la mano su textura, su temperatura, su forma y peso. Como este es el mundo de la mente, en el que todo es posible, imagina que la piedra tiene grabadas unas preguntas:

- ¿Por qué estoy leyendo este libro?
- ¿Qué espero conseguir de él?
- ¿Qué anhela mi corazón?

Ahora, arroja la piedra dentro del pozo. Al hacerlo, escucha las respuestas. Enlentecida por la propia densidad del agua, es posible que la piedra vaya golpeando las paredes del pozo enviando diferentes respuestas mientras se va hundiendo más y más. Al final, llega al fondo, escucha y observa si emerge alguna otra respuesta a la pregunta "¿por qué estoy leyendo este libro?", escribe las respuestas que se te ocurran.

SEGUNDA PRÁCTICA: ENTRENAR LA ATENCIÓN

Muchas veces intentas lograr un resultado y no lo consigues. Te propones una meta y te distraes en el recorrido, postergando o evitando tus deseos.

Organizas tu tiempo para retomar tu actividad física, tu caminata, algo que te gusta mucho como tomar clases de guitarra, hacer un curso de escritura, salir con amigos o ir a tomar un masaje, cualquier actividad que deseas, pero no la concretas. Otras veces, una actividad de estudio, orden y limpieza, organización del placar, que puede llevarte dos horas, se retrasa y queda inconclusa porque te distrajiste una y otra vez.

La mayoría de las personas están de acuerdo en lo poco que han podido conseguir en la vida. Y mucho de lo que no han logrado es el resultado de su falta de atención sostenida. Imagina todo lo que hubieras logrado si te hubieses enfocado y hubieses sostenido tus ideas, propósitos o sueños.

Por lo general, nos enorgullecemos de la multiplicidad de tareas que podemos llevar a cabo al mismo tiempo: el famoso *multitasking*. Recientemente, estudios científicos han empezado a sugerir lo que los maestros de meditación ya saben hace miles de años, que la multitarea es un mito. En realidad, lo que podemos hacer es prestar atención "de verdad" a una cosa a la vez. Prestar atención debería ser como respirar, algo natural, no forzado y que no requiere ningún esfuerzo. Pero dirigir la atención a donde queremos que vaya y mantenerla ahí el tiempo que decidamos no es tan fácil. Al fin y al cabo, ¿alguna vez te enseñaron a prestar atención o siquiera te explicaron qué es la atención?

La atención es la toma de posesión de forma clara y vívida por parte de la mente de los varios objetos o líneas de pensamiento que aparecen simultáneamente; la focalización, la concentración y la consciencia forman parte de su esencia. Implica prescindir de unas cosas para ocuparse efectivamente de otras, y es una condición cuyo verdadero opuesto es el estado de confusión,

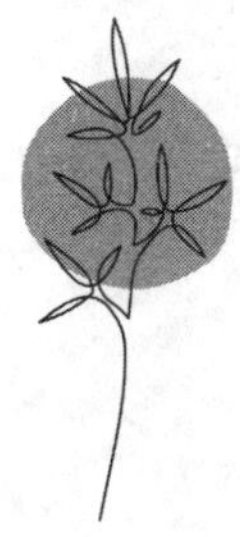

aturdimiento o dispersión. La mejor forma de empezar el entrenamiento de la atención es centrándonos en las sensaciones que la respiración produce en nuestro cuerpo. Al prestar atención a la respiración, la mente se desvía de la cabeza permitiendo así el acceso a una perspectiva distinta, más física y experiencial. La respiración, que está presente mientras se tenga vida, suele ser algo bastante neutro, que no provoca fuertes sentimientos de placer ni de rechazo, lo cual hace más fácil estabilizar la mente.

Aunque sean más o menos sutiles, siempre hay sensaciones asociadas a la expansión de la inhalación y a la contracción de la exhalación.

Se escoge la respiración como fase inicial de la formación de la atención es que la mayoría de las veces respirar no requiere ningún esfuerzo.

Otra razón es que la respiración tiende un sutil puente de integración y equilibrio entre diversos pares de opuestos: la actividad mental y los estados corporales, las funciones voluntarias e involuntarias del cuerpo, y la rama simpática (luchar o huir) y parasimpática (descansar y digerir) del sistema nervioso autónomo.

Por último, aunque igualmente importante, la respiración es la estrategia más simple, rápida y, a menudo, accesible para regular la emoción. Resulta bastante obvio que la respiración se acelera y se hace más superficial entre emociones fuertes, como el miedo o la ira. A todos nos han dicho alguna vez que nos detengamos y respiremos profundamente para recuperar la compostura.

La respiración no solo nos ayuda a ejercitar la atención, sino que fortalece las vías neuronales que nos recordarán enfocarnos en la respiración facilitando así el acceso a esa estrategia cuando nos sintamos atosigados, abrumados o descontrolados.

Hasta aquí hemos tomado consciencia de nuestras intenciones y de la importancia de generar un espacio entre intención y acción. El paso siguiente es el cultivo de la atención, aprender a prestar atención. Tanto para la práctica del *mindfulness* como para ejercitar el equilibrio emocional es fundamental entrenar la atención. Donde ponemos nuestra atención, donde ponemos el foco, en eso nos convertimos, eso generamos. Gracias a este entrenamiento es posible sentirse relativamente tranquilo y sereno, incluso en medio de estas emociones.

La atención es la clave de esta extraordinaria recompensa. La respiración y el impacto en el cuerpo son la base, el fundamento para el entrenamiento del *mindfulness* y, como vimos, comienza prestando atención a nuestra respiración.

EJERCICIO 2. OBSERVA TU RESPIRACIÓN

Sin cambiar de posición el cuerpo ni el modo de respirar, fíjate en cómo entras a respirar en este momento.

Hazlo sin juicio, como lo haría un científico que observa un fenómeno natural en el laboratorio. Detente en cómo respiras, si es una respiración profunda o superficial, larga o corta, si respiras por la boca o por la nariz. Dedica sesenta segundos observando dónde sientes más la respiración, tal vez en la garganta y escribe una nota con lo que hayas percibido.

EJERCICIO 3. *MINDFULNESS* DE LA RESPIRACIÓN

Encuentra una postura que te permita estar relajado y alerta a la vez. Estira un poco la columna vertebral y rota ligeramente los hombros hacia atrás y hacia abajo abriendo el pecho y relajando el vientre. Empieza con tres respiraciones profundas y purificadoras. Después de la tercera exhalación, deja que la respiración recupere el ritmo normal con paciencia y delicadeza. Centra tu atención en las sensaciones de expansión y contracción del vientre mientras respiras. Tanto como puedas, suelta completamente el control de la respiración dejando que sea profunda o superficial, brusca o suave, rápida o lenta. Imagina que la atención se desplaza con las olas de la respiración del mismo modo que un nadador lo hace con las del mar. Siempre en contacto con todo el arco de la ola, de la cresta a la base. Respira durante unos cinco minutos antes de seguir leyendo. Cuando termines, considera las siguientes preguntas:

¿Sientes algún cambio en el cuerpo después de practicar la consciencia de la respiración durante algunos minutos?

¿La mente permaneció todo el tiempo centrada en la respiración o estuvo vagando por fantasías, recuerdos, planes, imágenes u otros contenidos mentales?

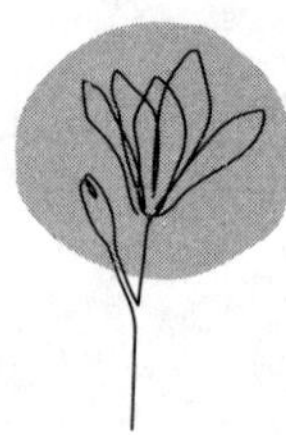

Al probar por primera vez este ejercicio aparentemente fácil, lo habitual es que las personas se sorprendan de lo muy ocupada que está la mente. Si te fue difícil sentir una inhalación completa antes de que la mente partiera de viaje, estás en buena compañía. En los textos clásicos del budismo sobre las primeras fases del entrenamiento de la atención, se compara la mente con una catarata. En la tradición india del yoga, la imagen es menos poética, pero más divertida, la mente poco entrenada se parece a un "mono borracho" que salta de rama en rama mientras un escorpión le pica la cola.

Llegamos así a un punto sobre el entrenamiento en el *mindfulness* que es de suma importancia, el mayor obstáculo para la meditación es la idea equivocada de que la divagación mental es un problema que hay que resolver. ¡Sí, lo has leído bien! La divagación de la mente no es un problema, es sencillamente la naturaleza de la mente. Nuestra mente fabrica pensamientos, es su trabajo. Como la meditación no acepta sus productos, es probable que la mente ponga un mayor empeño y elabore no solo más pensamientos, sino pensamientos más atrayentes y seductores.

Existen tres pasos reiterativos en el proceso de entrenamiento de la mente para que prestes atención a algo determinado, como la respiración o las sensaciones corporales, y en ese proceso la distracción no es un obstáculo, sino lo que realmente nos permite formar el músculo de la atención.

Primer paso: prestar atención al objeto.

Segundo paso: notar que la mente se ha puesto a divagar.

Tercer paso: traerla de vuelta al objeto con amabilidad.

Al repetir estos pasos durante una sesión de meditación es fundamental mantener una actitud amable y exenta de juicios sobre ti. Aquí las ideas de perfección, éxito y fracaso no funcionan porque no puedes obligar a la mente para que permanezca inmóvil y obediente durante la meditación.

La mente es como un animal, muy sensible, por lo tanto, su educación requiere una actitud sensata, amable y firme, y que no te tomes las reacciones de "un cachorro" como algo personal. Entonces, es sabio que tampoco lo hagas con tu propia mente y que recuerdes que la divagación mental es un fenómeno universal, no se trata de la tuya en particular, sino que es la naturaleza de la mente en general. Notar la respiración, percibir cómo la mente se dispersa y traerla de vuelta con amabilidad son componentes igualmente importantes del entrenamiento de la atención.

Teniendo presentes estas estrategias, repite el ejercicio 3 durante tres minutos de reloj.

TUS NOTAS

Capítulo 2

MINDFULNESS Y SALUD

¿Te ha pasado que sientes algún malestar y recibes consejos de todo tipo para mejorarte?

Recetas extrañas que a otros les funcionaron, dietas difíciles de aplicar, actividad física en horarios o con rutinas muy exigentes para tu agenda o físico actuales…

A veces buscamos salidas mágicas, una pastilla que aleje el malestar, la comida para que tape nuestra angustia existencial, nos llenamos de trabajo para no enfrentar dificultades en nuestros vínculos personales, etc. Ninguna de estas estrategias puede acallar lo que nuestro cuerpo nos pide que sanemos, solo nos permite negarlo hasta que el síntoma se convierte en enfermedad. En ese momento, la única alternativa es ocuparse. Dicen que el cuerpo nos habla treinta y tres veces antes de enfermarse. Nos da señales que desoímos, hasta que grita y debemos escuchar.

Algunas personas no prestan atención al cuidado de la salud, y otras están atentas en exceso.

¿Cómo eres tú con el cuidado de tu salud, de tu cuerpo?

¿Te ocupas de generar hábitos saludables para prevenir problemas de salud o solo lo haces cuando aparece un síntoma preocupante?

En la mayoría de las dolencias hay un componente de hábitos no compatibles con el bienestar y una dificultad clara con la gestión del estrés y de las preocupaciones.

Para aportar al trabajo de la medicina en la prevención y curación de dolencias, el Dr. Jon Kabat-Zinn, creador del *mindfulness*, hizo una rigurosa investigación de campo con el seguimiento registrado de muchos pacientes con enfermedades crónicas, con el objetivo de mejorar la respuesta a los tratamientos médicos convencionales, pudiendo, a la vez, prolongar su bienestar.

El *mindfulness* se convirtió en una disciplina considerada de mucho valor para prevenir y mejorar el impacto de los tratamientos médicos en numerosas dolencias, su práctica es recomendada por profesionales de la medicina de distintas especialidades y de la psicología.

¿Por qué la atención plena genera efectos tan positivos en nuestra salud? Porque su práctica y ejercicios consisten en prestar atención de manera consciente a pensamientos, emociones, sensaciones corporales y ambiente circundante. Es decir, se ocupa de las causas de nuestro malestar. La atención se enfoca en lo que se percibe en el momento presente, en el aquí y ahora, y se acepta sin juzgar si lo que pasa es correcto o no.

Esto produce un estado mental que permite discernir los pensamientos útiles de los que no lo son y que comportan una excesiva rumiación (preocupación exacerbada por los problemas y las posibles causas y consecuencias), y el efecto es mayor serenidad y equilibrio para decidir y actuar. Permite tomar una cierta distancia de los eventos para responder con mayor tranquilidad, lo que afecta positivamente nuestra respuesta inmune y metabólica, mejorando los indicadores de salud física y mental.

Jon Kabat-Zinn, debido a su formación científica (es doctor en Biología molecular y médico), desarrolló esta metodología también para el espacio de la salud y realizó varios estudios sobre la eficacia de la atención plena en medicina preventiva, y desórdenes de la salud, desde un marco científico y no religioso.

Su trabajo de investigación se centró en el impacto del estrés y su relación con diferentes patologías, y lo aplicó inicialmente a pacientes que no mejoraban con tratamientos médicos habituales.

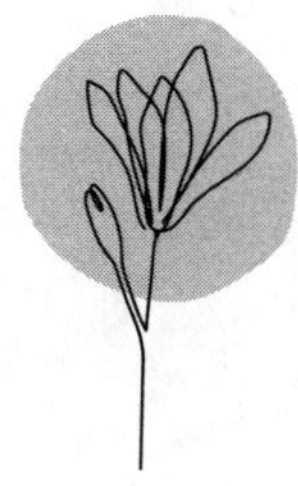

El estrés es un concepto paraguas que abarca las distintas presiones a las que la vida nos somete.

En estos últimos años es un diagnóstico habitual que está en la explicación de diferentes dolencias, problemas cardíacos como hipertensión y arritmias, dolencias gastrointestinales, trastornos del sueño, jaquecas, caída del cabello, alergias, falta de concentración, cansancio crónico.

Cuando estamos estresados todo es urgente. La aceleración interna y la ansiedad para dar respuesta ya mismo no nos permiten discriminar para elegir qué hacer primero, qué postergar y qué reprogramar.

Para bajar el nivel de tensión que provocan los estresores (cualquier situación interna o externa, sentimiento o pensamiento que provoca estrés) necesitamos reformular nuestra vida cotidiana.

Recientemente, ha habido una gran difusión del *mindfulness* entre personas sanas que desean sostener una vida saludable y equilibrada, y también entre distintos profesionales del ámbito de la salud que se interesan por los hábitos saludables y la medicina preventiva.

A los fines didácticos, y a modo de ejemplo, dividiré los beneficios en *biológicos* y *psicológicos*, aunque unos y otros están completamente conectados.

Beneficios biológicos del *mindfulness*

- Desciende la presión arterial.
- Disminuye el dolor en relación directa con el número de horas acumuladas de práctica.
- Mejora la inmunidad y la salud celular.
- Disminuye los marcadores de estrés.

Beneficios psicológicos del *mindfulness*

- Mejora las funciones cognitivas, aumenta la atención, la concentración y la memoria.
- Se aprende a gestionar las emociones y el estrés. Se toman mejores decisiones porque funciona mejor el córtex prefrontal y existe un mayor control sobre la amígdala cerebral (cerebro emocional).
- Controla la ansiedad.
- Disminuye las adicciones.
- Mejora los problemas alimentarios.
- Disminuye la depresión.
- En general, la gente que medita está más satisfecha y siente un mayor bienestar.

Los profesionales de cualquier área que tengan un desempeño profesional exigente y las personas que estén atravesando situaciones de vida especialmente estresantes (divorcio, mudanza, separación, duelos, despidos, cambio de trabajo, ascensos, otros) se pueden ver beneficiados por esta práctica y así evitar sufrir un impacto negativo en su salud.

Estas técnicas son de los mejores métodos para evitar el estrés y el *burnout*.

TERCERA PRÁCTICA: REFLEXIONAR SOBRE LO QUE CAUSA ESTRÉS

Siéntate cómodamente, toma tres respiraciones profundas. Exhala intensamente, vaciando totalmente tus pulmones, dejando tu abdomen plano. Cierra tus ojos. Visualiza una luz blanca entrando suavemente por tus fosas nasales. Visualiza cómo la luz blanca recorre todo tu cuerpo. Al exhalar deja salir tus preocupaciones y tensiones del día. Observa si cambió el color del aire que sale por tu nariz. Repite tres o cuatro veces.

Ahora reflexiona sobre las situaciones de tu presente que más te preocupan u ocupan, las que más tensión te generan. Aquellas que te ponen nervioso, que te dan dolor de estómago o de cabeza o palpitaciones.

Escribe tres de las situaciones que actualmente te afectan y estresan.

Ahora elige una de las tres circunstancias para utilizarla en el ejercicio siguiente.

EJERCICIO 4. EL PODER DE LAS SENSACIONES

El ejercicio consta de tres fases. Después de leer las instrucciones, cierra un momento los ojos, haz el ejercicio y a continuación escribe algunas notas sobre tu experiencia.

Luego continúa con las otras dos fases del ejercicio de la misma manera.

1. Empieza con unas cuantas respiraciones diafragmáticas profundas tomándote tu tiempo. Ahora recuerda algún momento que haya sido muy agradable y deja que el recuerdo tome la mayor fuerza posible. Concéntrate en los pensamientos, los sentimientos y las sensaciones agradables que estuvieron asociadas a esa experiencia, incluso exagera las emociones que dicha experiencia te provocó, como alegría, satisfacción, cariño y tranquilidad. Si te aparecen otros pensamientos ajenos o desagradables, con amabilidad trae tu atención de vuelta a las sensaciones agradables. La idea del ejercicio es que estés feliz. Observa cómo lo sientes en el cuerpo, cómo está tu mente cuando tienes un recuerdo placentero. ¿Cómo se siente tu corazón? ¿Qué te apetece hacer después de centrarte en esta experiencia durante uno o dos minutos?

Dedica un momento a tomar nota de lo que te ocurrió sobre esta experiencia agradable; incluye las sensaciones físicas que notaste, las emociones y los pensamientos más destacados, así como cualquier motivación para hacer algo que puedas haber sentido.

2. Haz unas cuantas respiraciones profundas para limpiar el "paladar de la mente". A continuación, piensa en algún recuerdo desagradable, algo que te haga sentir infeliz. En este caso elige uno de los eventos que te estresan de los que hablamos con anterioridad. Deja de nuevo que este recuerdo o situación o esta visualización cobre toda la fuerza que seas capaz de sostener. Recuerda que estás a cargo y en completo control porque lo que estás haciendo no es más que un experimento mental. Si te parece bien, exagera los aspectos desagradables de esta situación o experiencia que te estresa, para sentirlos con más fuerza en el corazón, la mente y en el cuerpo. Fortalecer la capacidad de afrontar lo difícil genera una fuerza inmensa y ahí surge una gran libertad. A menudo,

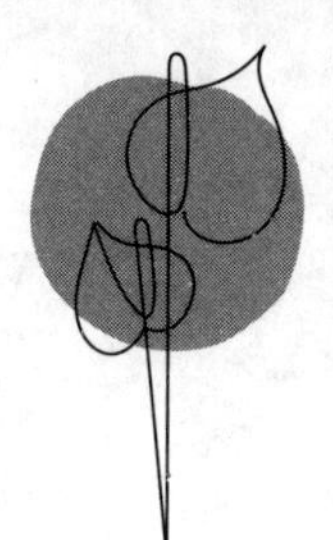

los recuerdos desagradables llevan consigo emociones como la ira, el miedo, la vergüenza y la tristeza. Existe alguna resistencia para pasar de un recuerdo agradable a otro desagradable, de una situación agradable a una situación desagradable. ¿Cómo se manifiesta esta resistencia, puedes localizarla en la mente o en el cuerpo?

Observa alguna contracción o alejamiento de esa experiencia. Dedica de nuevo unos minutos a tomar nota de las sensaciones físicas, las emociones, los pensamientos y las tendencias a la acción que se te hayan presentado.

3. Haz unas cuantas respiraciones diafragmáticas profundas más, dejando ir la experiencia anterior y liberando los sentimientos asociados a ella. A continuación, trae a tu mente un recuerdo de algo que no sea agradable ni desagradable, por ejemplo, revisar el correo o secarte al salir de la ducha. Elige algo concreto y observa si puedes recuperar un recuerdo con todo lo que sentiste en la mente y el cuerpo. Es difícil involucrarte en la visualización porque parece menos interesante el recuerdo que no lleva ninguna carga intensa en ningún sentido. Lo que suele hacer tu mente cuando las experiencias son neutras es no estar presente, se desconecta. Observa y toma nota de si puedes encontrar sensaciones, emociones, pensamientos e impulso para accionar en algún sentido.

El objetivo de este ejercicio es que te familiarices con experimentar una vivencia y observar si logras identificar el evento estresor, dándote cuenta de si te identificas, lo rechazas o lo ignoras.

Emocionalmente cuidamos nuestra salud cuando nos entrenamos en observar la experiencia en vez de identificarnos con ella. Si la mente está entrenada para tomar distancia de la sensación de la emoción y del pensamiento, se abre la oportunidad de relacionarse con el fenómeno desde una perspectiva amplia y no reactiva.

Ante las experiencias agradables hay una tendencia natural a querer aferrarse. En realidad, este apego puede disminuir el placer que estas experiencias proporcionan, porque cuando nos percatamos de que no pueden durar para siempre, aparece la frustración. Apegarse a la experiencia y vivir la frustración de su finitud pone al descubierto la naturaleza efímera y cambiante de toda experiencia. De forma natural, tendemos a engañarnos y creer que podemos perpetuar las experiencias placenteras. Todos sabemos, por ejemplo, que es propio de la naturaleza que el cuerpo enferme, envejezca y que al final muera. Sin embargo, es muy frecuente escuchar que este desarrollo se sienta como un error, una conmoción o algo contrario al orden natural de las cosas.

Cada vez que la mente dice: "no debería estar pasando esto", es signo de que hay apego a una ilusión, y sorprende que alguien que pueda ser extremadamente racional y lógico en casi todo, se aferre a perspectivas que claramente desafían a la razón: "los padres siempre quieren de forma incondicional a los hijos", "las parejas nunca se engañan", "los hijos siempre quieren a los padres", "los hijos no deberían morir antes que los padres"... y la lista sigue. Son mitos a los que las personas inteligentes se aferran a pesar de las abrumadoras evidencias que demuestran lo contrario. Darnos cuenta de que nos aferramos a situaciones agradables en exceso y reconocer esta tendencia conductual puede inducirnos a conectar con momentos de auténtica felicidad.

Estos momentos tienen los siguientes elementos en común: conexión con uno mismo, la ausencia de expectativas, el aprecio de uno mismo y/o de los demás y saborear placeres sencillos.

Puede ser ilustrativo detenerse a considerar aquello que realmente nos proporciona placer y felicidad en la vida y en qué medida está relacionado con los enormes esfuerzos que hacemos para adquirir objetos y alcanzar logros. En un momento de dificultad emocional resulta especialmente importante saber qué conduce a la felicidad y qué conduce a la infelicidad. La espiral del sufrimiento emocional puede ser alimentada por la búsqueda incesante de alivio a través del placer, lo cual puede llevarnos a la infelicidad e incrementar la frustración.

Las experiencias desagradables también pueden generar apego, en el sentido de tratar de controlarlas para evitar que ocurran y estar pendiente de que no aparezcan. ¿Qué es alejar las cosas que parecen desagradables? Esto puede ocurrir tanto de una forma burda como sutil. Una situación burda puede ser que hayas tenido un día difícil en el trabajo y que por la noche salgas a tomar unas copas para anestesiarte de lo ocurrido. En un nivel más sutil, puedes tener un pensamiento fugaz sobre un comentario de alguien que te molestó hace una semana y esto te empuja a buscar cualquier cosa en la heladera, sin ser plenamente consciente de lo que has pensado ni de la razón por la que la comida llegó a tu boca.

Sin embargo, distraer la mente de emociones, pensamientos o sensaciones físicas desagradables, evitarlos o enterrarlos, muchas veces acaba por intensificar esas experiencias desagradables. Aunque no siempre es fácil implementar una mejor estrategia, un posible camino, puede consistir en aceptar las experiencias desagradables como parte de la vida y verlas con compasión y curiosidad. No importa lo bien que tengas organizada tu vida, siempre habrá sensaciones desagradables, son tu experiencia viva del momento, y verlas de frente abre el camino de entrada a la libertad.

Lo habitual es que cuando nos sintamos incómodos, sea física o emocionalmente, lo etiquetemos como "algo malo"; un cambio sutil, pero importante puede ocurrir si nos habituamos a usar las etiquetas "agradable" versus "desagradable" y "neutro". Al etiquetar o nombrar en forma consciente, disminuye la contracción en torno a la experiencia. Existen algunos malentendidos acerca de la forma de relacionarnos con el dolor y la dificultad. Tal vez lo más importante para quien está experimentando malestar emocional o dolor sea distinguir que existe diferencia entre tener consciencia de las sensaciones y dejarse llevar por ellas.

Las emociones están diseñadas para surgir y luego desaparecer rápidamente, por eso, cuando las observamos con claridad sin aferrarnos, siguen su proceso y se desvanecen. Así es como tienden a comportarse las experiencias desagradables, nos pueden ofrecer importantes lecciones para la vida, transmitirnos mensajes del cuerpo sobre problemas de salud que hay que atender. Cuando se viven sin juzgarlas, las experiencias desagradables se pueden convertir en neutras o agradables. A veces la confianza que se genera al afrontar la dificultad puede ser suficiente para cambiar el tono de la experiencia.

Cuando las experiencias son neutras parecen poco interesantes por eso existe la tendencia a desconectar de lo que está ocurriendo o ignorarlo, por ejemplo, es posible que haya personas con las que te encuentres de forma habitual que ni te gusten ni te disgustan, un compañero de trabajo, la vecina, el conserje de tu casa, la cajera del supermercado. Cómo reaccionas ante estas personas "neutras": ¿les dedicas la misma atención que a quienes realmente te gustan o te molestan? A menudo, cambiar el carácter neutro de su tonalidad y centrar la atención en la experiencia permite transformar la percepción que tenemos de personas o situaciones "insulsas" y comenzar a contemplarlas como "agradables", si accionamos con cuidado y amabilidad hacia esa persona o situación neutra. Una práctica sencilla, pero potente permite convertir eventos neutros, que no se pueden saborear, en valorados actos cotidianos llenos de sentido y gratitud, como andar, respirar, observar cómo caen las hojas de los árboles o tomarse un café.

Al desplegar el poder de la consciencia mediante la práctica del *mindfulness* y al abrazar todas las experiencias de la vida, podemos aprender, poco a poco, a convocar todas las riquezas de nuestra vivencia, incluso en los momentos de desgano, tristeza y malestar.

EJERCICIO 5. MEDITACIÓN DEL *MINDFULNESS* Y LAS SENSACIONES

La práctica para esta meditación tiene el mismo objetivo doble de asentar la mente a través de la atención plena en la respiración y entrenar la observación de las sensaciones mientras ocurren. Ambos componentes ayudan a aumentar la consciencia y a reducir la reactividad emocional, con lo cual benefician nuestra salud física y mental.

Como en la meditación anterior, te sugiero que hagas un audio con tu propia voz para tenerlo en tu celular o en tu computadora disponible cada vez que la necesites.

Es habitual esperar que la práctica de la meditación genere buenas sensaciones. A veces sucede y otras veces no. En realidad, la ansiedad y otras experiencias emocionales negativas pueden aumentar durante la meditación. Cuando esto ocurre ayuda mucho traer a la atención lo que está sucediendo sin intentar evitarlo ni mejorarlo. Así mismo, cuando la meditación genera un estado emocional placentero, la práctica involucra estar atento a la tendencia a aferrarse a ese sentimiento positivo y soltarlo, con la idea de que navegues sin aferrarte. No hace falta sentirse mal o preocuparse porque una práctica de meditación no genere sentimientos de paz y relajación. La práctica de la meditación implica dar la bienvenida a todo lo que emerja durante ella, la consciencia es lo suficientemente grande como para sostener todas las emociones, todos los pensamientos y todas las sensaciones físicas. Usaremos la respiración como ancla en el momento presente y para conectar con la dimensión espaciosa de la consciencia dejando ir y venir los pensamientos, las sensaciones y las emociones. Así pasará ante ti como en una pantalla el sustrato de tus preocupaciones, pudiendo tomar consciencia de lo que ocupa tu mente, mirando sensaciones diversas, apegos y evitaciones.

La siguiente es una meditación guiada, que también puedes convertir en una grabación o leer las instrucciones y hacerla, como prefieras.

1. Siéntate con la espalda recta, pero sin rigidez. La intención de esta práctica es combinar un estado de alerta, relajación y calma, cualidades que no suelen ir juntas en la vida cotidiana. Para la mayoría de las personas, es una manera nueva de estar porque se acostumbraron a permanecer o bien alertas y tensos, o relajados y somnolientos. La postura del cuerpo favorece la capacidad de asentar la mente y mantener una consciencia no enjuiciadora. Es útil mantener la columna recta, la espalda fuerte, el pecho y el abdomen abiertos y relajados.
2. Deja que las manos descansen cómodamente sobre los muslos y cierra lentamente los ojos. Si por la razón que fuese no te sientes a gusto con los ojos cerrados, mantén la mirada suavemente enfocada sobre el suelo delante de ti.
3. Empieza con tres respiraciones diafragmáticas profundas.
4. Después de la tercera exhalación, suelta la respiración y deja que retome su ritmo natural. Relaja el vientre, permite que el aire entre y salga sin manipular. Lleva tu atención hacia las sensaciones útiles y sencillas de expansión y contracción del vientre al respirar.
5. Cada vez que observes que la mente se aparta de la respiración simplemente percibe que se ha ido y a continuación concéntrate suavemente de nuevo en la respiración tanto como te sea posible. Deja que este proceso se produzca desde la actitud del no juicio y sin dureza. La divagación mental no es ningún error, es parte de la naturaleza de la mente. Cuando te des cuenta de que la mente se ha dispersado, con gentileza y paciencia lleva nuevamente la atención a la respiración. Dedica 10 o 15 minutos a centrarse en la respiración como objeto primario de aten-

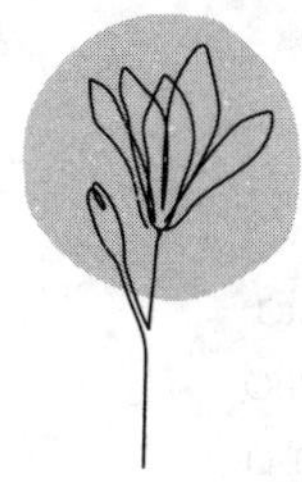

ción. Puedes experimentar usando las etiquetas "adentro" al inspirar, "afuera" al espirar para establecer la atención en la respiración. De esta manera le das una tarea a la mente discursiva mientras prestas atención a las sensaciones de expansión del vientre al inhalar y de contracción al exhalar. Esta técnica de etiquetar la inhalación "adentro" y la exhalación "afuera" es muy silenciosa, como si fuera un susurro de la mente.

6. Imagina que el 95% de tu energía y tu atención se emplea en sentir las sensaciones de la respiración en el vientre y solo el 5%, en etiquetar la experiencia. Comprueba si puedes dejar la atención en las olas de la respiración tal como un barco va montando las olas del mar. Durante los últimos 5 o 10 minutos de meditación dirige la atención hacia los tonos de las sensaciones que acompañan a cada momento de la experiencia. ¿Esta inspiración es agradable, desagradable o neutra? ¿Cuál es el tono de la experiencia que observas? ¿Estás juzgando tener tantos pensamientos? ¿Cómo sientes ese juicio sin intentar analizar ni fabricar experiencias? Procura dirigir tu atención a la corriente cambiante de las sensaciones agradables, desagradables y neutras que suelen estar por debajo del umbral de la consciencia ordinaria. Observa también cualquier tendencia a aferrarte a algo agradable, desconectarte de lo neutro o rechazar lo desagradable.
7. Concluye la meditación dedicando 12 minutos a devolver la atención a las sensaciones de la respiración en forma libre.

Haz un registro de prácticas. Cada día que practiques la consciencia de la respiración y la atención plena en las sensaciones, completa un registro y haz un seguimiento de las ideas que te surjan en las prácticas. Te ayudará a integrar lo que vayas aprendiendo de tu experiencia, anotando el día y hora y qué fue lo más destacado de esa práctica.

CUARTA PRÁCTICA: EXAMINAR TU CUERPO VIVIENTE

Para trabajar con *mindfulness* cualquier temática asociada a la salud, hay un ejercicio fundamental que te invito a realizar en casa y que se centra en prestar atención a las sensaciones físicas, mediante la práctica del llamado "escáner corporal". En mi libro anterior, Mindfulness: *observar, escuchar, respirar, detenerse,* he acompañado esta práctica formal de la atención plena. Sin embargo, es de tal magnitud su importancia para mejorar la salud en la vida diaria y para mantener el equilibrio en el bienestar físico y mental, que vuelvo a traerlo como una meditación diaria para que te acostumbres a realizar este ejercicio de consciencia corporal, en especial, a la noche antes de acostarte.

Examinar el cuerpo es una práctica muy importante que te ayudará a entrenar las habilidades de la atención llevando la consciencia una y otra vez a las sensaciones físicas. En otro nivel más profundo, esta práctica, sumamente sanadora, te ayudará a reconectar con tu cuerpo y habitarlo de nuevo, desde adentro.

Bastante a menudo, cuando una persona se da cuenta de que debe prestar atención a su cuerpo y tiende a verlo desde afuera, centrándose sobre todo en su aspecto y su imagen, desde esta perspectiva, lo percibe como un objeto que necesita algún tipo de ajuste o mejora: reducir la grasa, aumentar la capacidad aeróbica, cambiar el color de cabello, etcétera. Mi cuerpo es "algo que tengo" en lugar de "alguien que soy". De esta forma se convierte en algo que hay que manipular. En las prácticas del *mindfulness* hacemos todo lo contrario. Todo ejercicio de atención plena es una práctica de corporeidad, una aproximación a la experiencia desde adentro, poniéndola en el centro y desde adentro del cuerpo. Con la práctica de la atención plena y la consciencia de nuestras sensaciones corporales, recuperamos activamente el cuerpo como una dimensión preciosa de la vida, incluso durante una enfermedad grave, y vamos, poco a poco, sintonizándonos con nuestra experiencia y alejándonos de la objetivación y manipulación de nosotros mismos.

EJERCICIO 6. ESCÁNER CORPORAL

El escáner corporal es una práctica formal de las más importantes del *mindfulness* porque con él puedes adquirir mayor consciencia de lo que ocurre en el interior de tu cuerpo momento a momento y alejarte del pensamiento casi constante, y de otros procesos que se desarrollan exclusivamente en la cabeza.

Algunas personas encuentran el escáner corporal muy relajante y no es raro quedarse dormido. A veces ya sea que te relaje o no, ten presente y en cuenta que este no es un ejercicio de relajación, sino una práctica en la consciencia corporal, de la propiocepción, en la que entrenamos a la mente para que entre en contacto con la experiencia del momento, libre de juicios.

En el escáner corporal no hacemos contracción o relajación de músculos como en otras técnicas de relajación. Escanear el cuerpo consiste simplemente en tomar consciencia de cómo se siente estar en el momento presente sin intentar cambiar nada.

1. Si eres capaz de tumbarte en el suelo sin quedarte dormido, échate de espaldas y con los brazos separados a unos 45 grados del cuerpo, las palmas con las manos hacia arriba. Si necesitas estar más cómodo, colócate

una almohada debajo de la cabeza y otra debajo de las rodillas. Quizás prefieras escanear el cuerpo sentado, manteniendo la columna razonablemente recta. Deja que los ojos se cierren suavemente.

2. Empieza por prestar atención a los dedos del pie izquierdo; observa cualquier sensación que notes en ellos. Es tan habitual dar por supuesta la existencia de los dedos de los pies que si no nos duelen, no nos damos cuenta de que están ahí. Fíjate en todo lo que sientes en ellos ahora mismo, en este preciso instante, sin intentar juzgarlo ni cambiar nada. Si notas que las sensaciones de los dedos varían, toma consciencia de ese cambio sin tratar de controlarlo.

3. Ahora dirige la atención al empeine del pie izquierdo tomando consciencia de lo que sientes en el momento, fijándote en cualquier sensación que aparezca, como la de la piel al estar en contacto con las medias, o las sensaciones de calor o frío, presión, tensión, hormigueo o picor.

   Cada vez que observes que la mente se aleja de la parte del cuerpo en la que te estás concentrando, simplemente reconoce que se ha puesto a divagar y tráela de vuelta con amabilidad al cuerpo. Al hacerlo, no te agobies ni te enojes por perder la concentración, limítate a centrar de nuevo la atención en la parte del cuerpo en la que estabas pensando o poniendo el foco y, sin enjuiciar, sigue escaneándolo.

4. Continúa despacio por todo el cuerpo, subiendo por la pierna izquierda hasta la pelvis y después por la derecha, empezando por los dedos del pie. Luego concentra la atención en las diversas zonas del torso, el abdomen, la parte inferior de la espalda, la parte superior, el pecho y los hombros. Baja por ambos brazos hasta los dedos de las manos y pasa después al cuello y la garganta y las áreas de la cara y luego la parte superior de la cabeza.

5. Recorriendo el cuerpo no tiene por qué ocurrir nada especial, la mayor parte de lo que notes serán sensaciones muy sencillas: presión, contacto, hormigueo, calor, frío, suavidad, pesadez, liviandad. Si en alguna parte del cuerpo no notas ninguna sensación, simplemente obsérvalo, tal vez empleando una etiqueta mental como "entumecido" o "en blanco", si en otros lugares sientes dolor o alguna sensación, reconoce la experiencia y vuelve con delicadeza la atención a la parte del cuerpo que estás recorriendo con tu consciencia.

6. Deja que la atención se detenga en la parte superior de la cabeza y a continuación emplea la esfera de la consciencia para incluir la respiración. Imagina que respiras a través de todo el cuerpo empezando por la cabeza y bajando hasta los dedos de las manos y de los pies. Al inspirar, deja que el aire llene todo el cuerpo; al espirar, deja que salga todo el aire del cuerpo. Puedes permanecer en este estado de quietud durante algunos minutos, cuando estés preparado, trae de vuelta tu atención a todo tu cuerpo empezando a mover los pies y las manos. Tal vez quieras mover también los brazos y las piernas, estirarte o rodar de un lado al otro sobre la espalda.

7. Abre poco a poco los ojos y devuelve la consciencia al espacio a tu alrededor.

¿Qué observaste en tu experiencia?

TUS NOTAS

Capítulo 3

MINDFULNESS Y RELACIONES INTERPERSONALES

Nuestras relaciones personales son fuente de alegría y gratitud. Nos constituyen como seres humanos. Somos con otros. Nuestra necesidad de pertenecer a un grupo está en la base de nuestras decisiones. Las relaciones personales encienden el sentido de nuestra existencia y nos dan motivación para seguir adelante, aun ante situaciones muy complejas. Es esencial para nuestra vida, salud física y mental sostener relaciones interpersonales armónicas y de confianza. A veces no tomamos acabada consciencia de cómo impacta la calidad de nuestras relaciones en nuestro bienestar, en nuestra confianza, autoestima y prosperidad. La ausencia de relaciones significativas y cercanas, el fenómeno de la soledad no elegida, altera negativamente los indicadores de salud, provocando o agravando todo tipo de dolencias.

¿Te has detenido a analizar tu mundo relacional? ¿Qué nivel de satisfacción tienes en esta área? De 1 a 5, siendo 5 muy satisfactorio y 1 nada satisfactorio, cómo evalúas tus relaciones familiares, de amistad, societarias, de pareja, filiales, sociales, laborales, profesionales, de vecindad, de estudio, en el club, en tus hobbies.

Si te decides a observar y tomar consciencia de las relaciones interpersonales en tu vida, te darás cuenta de que son fuente de mucho bienestar y también de angustia, enojo, miedo, y conflictos de toda clase. Que el casillero de las relaciones esté vacío tampoco es inocuo. Te afecta, lo sepas o no, tener o no amigos, vida social, pareja, colegas con quienes compartir.

Las relaciones interpersonales que has generado hasta hoy son directamente proporcionales a los resultados y al bienestar que tienes en tus diferentes áreas de vida.

Detente a repensar en este espacio y se abrirán puertas llenas de oportunidades para ti.

QUINTA PRÁCTICA: INVENTARIAR LAS RELACIONES

El universo de tus posibilidades guarda relación con tu capacidad de generar relaciones de confianza. Las relaciones facilitan tus logros y te permiten satisfacer todas tus necesidades. Por eso, para la práctica de este capítulo empezaremos haciendo un inventario de estas, cuyo alcance queda determinado por aquellas personas que crees importantes en tu vida, más allá del estado actual en que esté esa relación.

Coloca tu nombre en el centro de la hoja o del documento digital y alrededor agrupa tus relaciones por dominios diferentes: familia, amigos, trabajo, sociales, estudio, profesionales, hobbies.

Una vez escritos los nombres de tu universo total de relaciones, califica el **estado actual** de la relación según la siguiente escala:

- **Relación muy satisfactoria**: Juzgo que enriquece mi vida, que me permite coordinar acciones de manera fluida, que nos hace crecer a ambos. Me siento muy conforme y deseo que continúe así. Estoy comprometido a sostener este estado de relación, ya que genera un alto valor para mí.

- **Buena relación**: Es una relación satisfactoria, me siento cómodo con ella, aunque podríamos tratar de profundizarla más aún. Obtengo valor para mi vida, pero siento que podría ser más efectiva. Podría comprometerme a hacerla más efectiva.
- **Más o menos**: Considero que es una relación que oscila entre la apertura y el cierre de posibilidades. Por momentos, deseo acercarme y, por momentos, prefiero evitarla. "Algo falta", pero no me queda claro qué es. Juzgo que puede ser de mucho más valor que el que tiene actualmente, aunque no sé cómo desarrollarla. Quiero comprometerme a indagar productivamente para decidir sobre su estado y continuidad.
- **Relación no satisfactoria:** Hay algo que está sucediendo que me está apartando de la relación. Si no estuviera, sería mejor. No me siento a gusto. Tiendo a apartarme, busco excusas y explicaciones. Hay "cuentas pendientes", "cosas sin decir". Puedo comprometerme a indagar sobre lo que está pasando y decidir su rediseño o no.
- **Relación problemática:** Realmente quiero que se vaya de mi vida esta relación, quiero evitarla todo el tiempo. En caso extremo, hasta puedo considerarla un enemigo. No confío nada en esa relación. Juzgo que no es una relación con la que quiero comprometerme.

- De tu inventario de relaciones, elige, al menos, una o dos relaciones con las que te comprometes a mejorar su calificación, al menos un nivel, por ejemplo, de 3 a 4, o de 2 a 3. Haz esta elección según consideres que aportaría bienestar a tu vida.

- Diseña dos acciones que creas que permitirán mejorar las dos relaciones elegidas.

- Escribe qué aprendizaje te deja haber observado tus relaciones actuales.

GESTIÓN DEL ENOJO Y DEL MIEDO

Aprender a gestionar los embates del enojo y del miedo en exceso es de suma importancia, no solo para nuestro equilibrio emocional, sino también para las enfermedades asociadas a la ira, como la hipertensión arterial, las palpitaciones, el colon irritable, jaquecas, y, a la vez, para poder generar y sostener relaciones armónicas.

Los accesos de ira pueden afectar negativamente nuestras relaciones personales, incluso las más íntimas, como pareja, hijos y padres.

¿Qué te pasa cuando te enojas? ¿Puedes hablar y coordinar con otros cuando estás enojado?

¿A qué te predispone tu enojo? ¿Qué acciones se derivan de tus momentos de irritabilidad? ¿Cuánto afectan tu medioambiente tus accesos de ira?

El miedo en estado de equilibrio nos alerta de una posible amenaza, nos cuida. En cambio, cuando toma el espacio y aparece en exceso, se torna paralizante, nos induce al control, y nos ponemos retentivos y a la defensiva en nuestras relaciones personales.

Cuando el miedo se hace generalizado, produce ansiedad, un estado de anticipación que no nos permite conectar con lo que nos sucede y nos pone en el futuro, contándonos un cuento oscuro.

Es decir, el miedo devenido en ansiedad nos hace temer un futuro negativo. Esta mirada pesimista nos hace propensos a no confiar, a no diseñar proyectos con entusiasmo y nos vuelve desconfiados de la vida y de las personas que nos rodean.

Te propongo algunas prácticas sobre la gestión del miedo y el enojo que la atención plena sugiere para aumentar nuestra felicidad, volver al eje y relacionarnos con serenidad y tranquilidad con nuestros semejantes.

Gestión de la ira: evitar los incendios y explosiones

La ira es una emoción universal cuya principal función adaptativa consiste en remover obstáculos que nos impiden conseguir objetivos que nos son relevantes. Cuando sentimos ira es porque nuestro cerebro primitivo intenta decirnos que hay que cambiar algo.

Compartimos esta emoción con otros mamíferos, incluso con los reptiles. Aunque es perfectamente posible enojarse con uno mismo, la energía de la ira, por lo general, va dirigida hacia afuera y puede ir acompañada de una acusación. Esta tendencia a acusar, criticar, castigar y tomar represalias hace que la ira sea una emoción especialmente difícil de manejar, siendo a la vez, una gran fuente de sufrimiento interpersonal. Cuando nos sentimos enojados con alguien, nuestro sentido del yo y del otro tiende a solidificarse en la mente. En este estado solemos exagerar todo lo negativo de la otra persona, volvernos ciegos a sus cualidades positivas, lo cual, a su vez, alimenta la aversión y el rechazo en nuestra mente enojada. La complejidad y la sutileza del otro se reducen a una caricatura monolítica llamada "el enemigo".

Muchas veces nos preguntamos por qué las personas más cercanas son aquellas con las que más nos enojamos. En primer lugar, quienes mejor nos conocen también saben qué es lo que nos puede doler. Alguien dijo: "tu familia sabe cómo apretar tus botones porque ellos los instalaron", pero una razón más profunda es que normalmente es más seguro mostrarse enojado con alguien cercano que con un extraño. De hecho, podemos estar frustrados con nosotros mismos y dirigir esa rabia hacia fuera, es bastante increíble que nos podamos enojar incluso con objetos inanimados, como la computadora, la puerta, la pared o un zapato. Esto revela algo interesante: aunque sintamos que la fuente del enojo está afuera, la ira viene desde adentro, los otros simplemente representan al verdadero enemigo, cuando, en realidad, son nuestros entrenadores de paciencia, ofreciéndonos oportunidades para explorar y domesticar el hábito de la ira. Si todo el mundo fuera amable y considerado, ¿cómo podrías entrenar la paciencia?

Ser consciente del territorio interior de la ira puede ayudarnos a detectarla pronto y ahorrarnos, a nosotros y a los demás, el daño y el arrepentimiento que suelen venir después de las explosiones de ira. Para trabajar con la ira debemos ver el espacio que hay entre el desencadenante y la reacción.

Te invito a comenzar esta exploración a través de la siguiente práctica.

SEXTA PRÁCTICA: EXPLORAR LOS DESENCADENANTES DE LA IRA PARA PREVENIR EL INCENDIO

¿Qué cosas te hacen enojar? Haz una lista de los principales desencadenantes de tu ira.

¿Cómo sueles reaccionar cuando estás enojado? Anota tus principales reacciones de ira.

Escribe los patrones o conductas que repites cuando te enojas.

EJERCICIO 7. *MINDFULNESS* DE LA IRA

Esta es una meditación guiada que te pondrá en contacto con la emoción y servirá para explorar la geografía interior de la ira, al invitarte a notar los lugares del cuerpo donde se manifiestan las sensaciones, la calidad de estas sensaciones y cómo cambian. Este ejercicio te ayudará a familiarizarte con esta forma de energía, a verla más de cerca y a reconocerla más fácilmente. Cuando aparezca la ira, no practiques este ejercicio apresuradamente. Deja bastante espacio antes y después de la parte principal de la meditación para poder practicar el *mindfulness* de la respiración.

El objetivo del ejercicio no es acabar con la ira, sino poder experimentarla de manera segura. Observa las sensaciones cambiantes del cuerpo. Utiliza las siguientes instrucciones como una orientación y modifícalas según las necesites. Por favor, lee cada punto y dedica dos o tres minutos a seguir las instrucciones.

Recuerda que tienes pleno control sobre este ejercicio, puedes adaptar las instrucciones y regular su intensidad tanto como quieras.

Siéntate en posición de meditación, cómodo y atento, con las manos relajadas y los ojos cerrados. Siente tu cuerpo, siente las partes que están en contacto con la silla o el suelo.

Haz varias respiraciones profundas llenando completamente el torso y soltando después todo el aire.

Recuerda alguna vez en que hayas sentido enojo, ira o irritación de algún tipo en este último año. Ha de ser relativamente reciente. No es necesario que escojas el episodio de ira más intenso. De hecho, es mejor comenzar con algo más pequeño, pero que haya sido real. Visualiza y siente lo que sucedió dejando que aparezca de nuevo la ira, el enojo o la irritación, en este instante. Permite que el sentimiento se intensifique cuanto sea posible dentro de tu zona de seguridad. A menudo ocurre que al recordar un episodio de ira aparecen otras emociones, como la tristeza o el miedo, por ahora intenta quedarte con la ira.

¿En qué parte del cuerpo experimentas la ira? Explora las sensaciones, puede que te sientas tentado a rechazarlas, no lo hagas, en cambio, investiga cómo sientes la ira en el cuerpo, observando las sensaciones burdas o sutiles en él. Al notar la sensación y concientizarla, percibe si cambia o se mueve, si es cálida o fría y si aumenta o disminuye el enojo.

Practica traer compasión a la ira, es una emoción normal y forma parte del ser humano. Todos nos enojamos de vez en cuando.

Comprueba si puedes sostener tu propia ira, como una madre sostiene a su hijo recién nacido. ¿Qué ocurre cuando la sostienes de este modo con atención y ternura?

Y ahora, poco a poco, despídete de este sentimiento y vuelve paulatinamente la atención a la respiración y quédate ahí durante un rato dejando que las emociones se asienten en la espaciosidad de tu respiración y tu consciencia.

¿Qué sensaciones notaste en el cuerpo que cambiaban al observar el enojo en él?

¿Pudiste generar compasión hacia tu propia ira?

¿Qué ocurrió con la ira al hacer esto?

EJERCICIO 8. LA MEDITACIÓN EN MOVIMIENTO: CAMINAR CON LA IRA

A veces puede resultar difícil sentarse a meditar con ira. Por lo cual, puede ser útil la práctica de caminar con ella, siendo consciente de que caminas con enojo.

Busca un lugar donde haya espacio suficiente para ir y venir andando quizás unos 20 pasos.

Puedes hacerlo al aire libre.

Comienza a caminar con atención plena sintiendo el contacto de los pies con el suelo y la entrada y salida del aire al respirar mientras vas caminando. Manteniendo un paso constante, trae a la mente alguna situación difícil que te provoque enojo y descubre si puedes acercarte a la experiencia y sentir el enojo manteniendo el ritmo de los pasos y de la respiración.

A muchas personas, evocar la intención de sostener el enojo con ternura, como una madre hace con su hijo que llora y patalea, les permite acercarse al enojo y sentir la incomodidad que este les provoca.

Cada vez que necesites darte una pausa simplemente camina centrando toda tu atención en la respiración y después retoma el ejercicio. Sé amable contigo mismo y acuérdate siempre de trabajar de forma progresiva, comenzando con las emociones menos intensas; también puedes llevarte una mano al corazón. La intención es ser capaz de sentir la ira, no limitarte a contemplarla desde lejos. Obsérvala. Ir a sostenerla con consciencia da paso a algún otro sentimiento y tal vez a otro, encuéntrate con estos sentimientos con toda la sensibilidad y la amabilidad de que dispongas. Deja que los sentimientos aparezcan y se vayan, y observa la tendencia de la mente a tratar de asociarlos con historias y justificaciones. A muchas personas les sirve utilizar etiquetas silenciosas para nombrar cualquier sentimiento que surja, si al caminar hay otras cosas que llaman tu atención, simplemente obsérvalas y trae tu atención devuelta a tus emociones.

Por último, reserva algunos minutos solo para andar y respirar con atención plena sintiendo cómo el cuerpo se renueva por completo en cada inhalación y soltando toda la tensión acumulada en este ejercicio en cada exhalación.

TRABAJAR EL *MINDFULNESS* Y EL MIEDO: EL ARTE DE ENFRENTARSE AL MONSTRUO

El miedo es uno de los desafíos principales con los que nos encontramos en el camino del cultivo del equilibrio emocional. Cuando tenemos miedo, nuestra perspectiva, nuestra imaginación y nuestros recursos personales se contraen y comenzamos a habitar en el mundo desde un sentido disminuido del yo. Cuando tenemos miedo, nos hacemos más pequeños de lo que somos.

Todos podemos resonar con la experiencia de tener que enfrentarnos a algo amenazante: tal vez una intervención médica, un plazo que se nos acaba o una reunión con una persona difícil. La simple anticipación de lo que va a suceder puede proyectar una sombra oscura de preocupación sobre toda la semana, opacando la alegría de las experiencias positivas, que pasan desapercibidas bajo el peso del miedo anticipatorio.

Por otro lado, el miedo puede ser un aliado de valor incalculable. En nuestro camino hacia el desarrollo personal y emocional, la experiencia del miedo hace más evidente nuestra tendencia a resistir y controlar la vivencia en vez de aceptarla.

El miedo y sus intensos correlatos físicos y mentales son como signos de exclamación internos que nos advierten de que existe un potencial para el crecimiento y la integración, justo en medio de nuestros temores; esto sugiere algo que puede parecer contraintuitivo: para trabajar con nuestros miedos necesitamos acercarnos a ellos.

En todos los mitos suele haber un punto en el que el héroe ha de enfrentarse a algo realmente aterrador, un dragón o un monstruo, antes de alcanzar un nivel más profundo de integración personal, que se suele simbolizar a través del encuentro con la persona amada, con el hallazgo de un tesoro, una llave o un anillo precioso. Cuando nos encontramos para enfrentarnos a nuestros monstruos, poco a poco adquirimos la capacidad de sostener y explorar nuestros miedos desde la espaciosa consciencia plena, accediendo a mayores niveles de libertad, esta libertad recién conseguida que nace de liberarnos del miedo.

El miedo es una emoción y como tal es una experiencia humana completamente normal. Puede ser provocado por desencadenantes universales o personales, ambos relacionados con la amenaza de sufrir algún daño ya sea físico o psicológico. En los desencadenantes universales se incluyen cosas como un objeto que nos puede golpear, una pérdida repentina de apoyo físico que nos puede hacer caer, o una amenaza de dolor físico. Como humanos podemos aprender y asustarnos de casi todo, de modo que los desencadenantes personales son muy variados.

SÉPTIMA PRÁCTICA: RESPIRAR Y OBSERVAR EL MIEDO

Cuando observes que surgen de forma espontánea el miedo, la ansiedad o la preocupación, acuérdate de hacer esta práctica.

Simplemente toma tres respiraciones profundas y observa qué sucede en tu mente y en tu cuerpo. Nota qué ocurre en la reacción ante el miedo, la ansiedad o la preocupación luego de respirar, ¿sigue igual?, ¿cambia? Si cambia, ¿de qué modo?

Después, cuando puedas, escribe tus respuestas.

Piensa un momento en aquellos objetos, seres, situaciones o eventos que te producen estrés, ansiedad o miedo en tu vida diaria. Los desencadenantes de tus miedos probablemente no tengan que ver con depredadores que acechan en el patio trasero de la casa o de tigres que salten sobre ti al abrir la puerta de calle. Los miedos modernos están más relacionados con hechos como tener que tratar con alguna persona difícil en el trabajo, cumplir con un plazo límite o situaciones que provocan ansiedad social, como el miedo al rechazo, la vergüenza en público. Aunque es improbable que una fecha de entrega o tener que responder a cincuenta correos en un día represente un riesgo vital, el cuerpo sigue reaccionando frente a estos factores estresantes como una reacción en cadena que nos prepara para luchar, huir o quedarnos paralizados.

Para complicar un poco más las cosas, no solo tenemos miedo como respuesta a circunstancias externas, sino también a experiencias internas, como los pensamientos y las emociones. Un pensamiento sobre algo o alguien puede ser, a menudo, más aterrador que una situación concreta. El cerebro humano está equipado con un sofisticado mecanismo para hacer viajes en el tiempo y vivir en una realidad virtual, el neocórtex es la parte del cerebro encargada de esto, es una bendición y una maldición a la vez, porque nos permite planificar el futuro o imaginar diferentes escenarios posibles, pero también nos ofrece la posibilidad de emplear muchísimo tiempo y energía en repasar el pasado y ensayar el futuro, en lugar de ocuparnos de lo que realmente ocurre en el presente.

La emoción del miedo suele ir acompañada de distorsiones cognitivas con el pensamiento "en blanco o negro", estas distorsiones tienen su utilidad para el tipo de temores a los que se enfrentaban nuestros antepasados. Ante un tigre, era muy útil buscar en el disco duro del cerebro no lo que ahora pueda decir

Wikipedia, ni el episodio que viste en Animal Planet sobre animales salvajes, sino el pensamiento que se reduce a "tigre malo corre", como exige la supervivencia. Hoy, sin embargo, el pensamiento "en blanco o negro" puede bloquear nuestra capacidad de responder con efectividad a las amenazas interpersonales, que son las que con mayor frecuencia nos estresan. Si tenemos una reunión con un colega o con un supervisor, es indispensable tener presente toda la complejidad y sutileza de las circunstancias, tanto pasada como presente, es difícil negociar eficazmente cualquier cosa sin ver el punto de vista de la otra persona, y en esas situaciones el pensamiento "blanco o negro" no es efectivo.

El miedo y el cuerpo

Tanto si el factor estresante es interno como externo, representa un peligro auténtico o imaginario, el cuerpo responde con una serie de reacciones sucesivas que llevamos integradas en nuestro cerebro y el resto del cuerpo y que fueron diseñadas para ponernos a salvo en caso de peligro o amenaza. Esto es lo que se suele denominar colectivamente "respuesta de lucha o huida"; también a esta expresión de uso habitual se le puede sumar otra reacción básica de protección que consiste en la parálisis ante el peligro percibido, como hacen muchos animales cuando experimentan un sobresalto. Si uno no puede paralizarse, esconderse, ni huir, es habitual sentir ira hacia todo lo que parezca peligroso.

En estas situaciones el *mindfulness* puede ser muy útil porque nos permite dirigir la consciencia hacia la ira en cuanto aparece; también es posible tener miedo de la propia ira, enfurecerse con uno mismo por tener miedo y resulta de gran ayuda atraer la atención plena en estos momentos. Ya sea que luchemos, huyamos o nos quede-

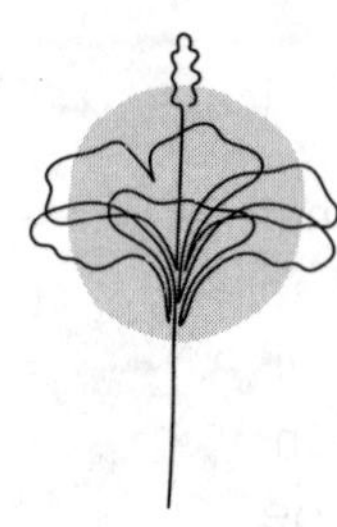

mos quietos, se pone en movimiento en forma automática y a menudo inconsciente una cadena de reacciones que preparan al cuerpo para la acción frente a la amenaza, algo que pueda salvarnos la vida en situaciones realmente peligrosas ayudando al cuerpo y a la mente a disponerse fisiológicamente a afrontar el peligro.

La amígdala es un centro de alarma diminuto, pero potente, situado en el medio del cerebro, cuya función es detectar los mensajes de peligro del entorno enviando señales químicas y eléctricas para generar un estado de hiperalerta en el hipotálamo, la glándula pituitaria y las glándulas suprarrenales. En este estado podemos experimentar un ritmo cardíaco más rápido, tensión muscular, emociones intensas, mayor presión arterial, sudoración y un estado de alerta. Es una reacción muy apropiada y saludable cuando es ocasional y nos ayuda a afrontar desafíos puntuales; sin embargo, esta misma reacción automática se activa también por motivos que no suponen ningún peligro para la supervivencia física, por ejemplo, tener que hablar en público, dar un examen. Además, el miedo puede desencadenarse por una sensación de amenaza a nuestro estatus social, nuestras ideas o nuestra sensación de control. Cuando este estado de hiperalerta, caracterizado por la atención psicológica y fisiológica, ansiedad, insomnio y fatiga, se repite una y otra vez, puede ser que estemos cultivando un estado de ánimo ansioso, el cual es más permanente que la reacción de miedo y puede durar horas o días. Si permanecemos en un estado de ánimo ansioso, es más probable que aparezca la emoción del miedo como respuesta a algún desencadenante. Tal vez desconozcamos la razón del estado de ánimo ansioso, pero usualmente podemos apuntar a algo concreto que desencadena nuestro miedo.

Paul Ekman se refiere a siete emociones primarias y universales: miedo, ira, sorpresa, tristeza, desprecio, asco y alegría. Cada una de ellas representa una familia de emociones que comparten el mismo "sabor", pero varían en la intensidad o en el tono. Algunas otras emociones dentro de la familia del miedo son: la preocupación, el terror, el nerviosismo, la inquietud, la ansiedad y la aprehensión. Cuando la ansiedad se vuelve parte del paisaje normal de nuestra experiencia, es posible que ni siquiera seamos conscientes de que estamos viviendo de forma crónica con la mente y el cuerpo dominados por el miedo. Pero conscientes o no, el cuerpo sigue acusando las consecuencias de ese estado y presenta síntomas. Estos efectos acumulativos provocan diversos problemas físicos, como ocurre con otras emociones.

El miedo también tiene un período refractario, en ese período es difícil sentir cualquier otra cosa que no sea dicho miedo y la cognición se queda centrada en lo que reafirma nuestro miedo y solo vemos eso. Si el miedo se convierte en algo permanente en nuestra vida, podemos perder de vista partes importantes de la realidad que no calcen con nuestros temores.

EJERCICIO 9. MEDITACIÓN GESTIONANDO EL MIEDO

Este ejercicio consiste en una meditación guiada en la que recordarás algún momento en que tuviste miedo, para encontrar la geografía interior, las coordenadas físicas del miedo en el cuerpo, comprender cómo se siente el miedo en el cuerpo. Familiarizarnos con estas sensaciones puede ayudarnos a reconocer y etiquetar el miedo cuando surja, creando espacio para responder en vez de reaccionar. Recuerda que no existe una forma correcta e incorrecta de experimentar una meditación y visualización, además tú puedes regular la intensidad del ejercicio. Te sugiero que primero leas las instrucciones y luego realices el ejercicio.

Siéntate en posición de meditación, relajado pero atento. Con las manos apoyadas cómodamente y los ojos cerrados, conecta con tu cuerpo y siente las partes que están en contacto con la silla o el suelo.

Toma tres respiraciones profundas llenando completamente de aire tu torso, luego suelta todo el aire, ahora recuerda alguna ocasión en que estuviste asustado. Contempla y recuerda lo que ocurrió viendo en la mente la escena lo suficiente para exagerar las sensaciones en el cuerpo. Si aparecen otros sentimientos, como el enojo o el asco, intenta centrarte en el miedo. ¿Qué tipo de sensaciones sientes, tensión, calor, presión, frío?, ¿en qué parte del cuerpo la sientes? Permanece con estas sensaciones el tiempo que puedas y añade detalles a la escena para poder experimentar el miedo en el cuerpo.

Puedes sentirte tentado a evitar las sensaciones del miedo, pero intenta hacer lo contrario, dales la bienvenida, explora cómo las sientes en el cuerpo y observa los pensamientos que generas, sin que te arrastren.

Recuerda que estás en un lugar seguro, que tú puedes manejar la experiencia y que la experiencia puede ser más o menos intensa según tu deseo. Estás seguro y a salvo, solo experimentando. Puedes tratar tu sentimiento de miedo con compasión, con amabilidad y ternura, como te relacionarías con un niño asustado. Conviértete en el adulto amoroso que apoya al niño aterrorizado. Realmente cuando tienes miedo eres capaz de ofrecerte lo que necesitas para vivirlo con mayor serenidad.

Para finalizar, haz tres respiraciones profundas y, lentamente, dirige tu atención de nuevo a lo que te rodea.

Cuando estés preparado, abre los ojos.

Una vez terminado el ejercicio, escribe algunas notas contestando las siguientes preguntas:

¿En qué partes del cuerpo sentiste el miedo?

¿Qué sensaciones notaste?

¿Qué pensamientos acudieron a tu mente?

¿Qué emociones surgieron?

¿Cómo te sentiste acunándote y cuidándote del miedo?

¿Qué recursos encontraste para cuidarte y protegerte cuando estés en una situación de miedo?

MEJORA TUS RELACIONES: CULTIVA EL AMOR Y LA AMABILIDAD

La gestión de las relaciones interpersonales está asociada a la manera en que dejamos fluir nuestras emociones amigables.

No basta con que aprendas a surfear tu enojo y bajar tu sistema defensivo a niveles de equilibrio. Además, es esencial que te permitas y practiques expresarte en forma cordial, evitando roces innecesarios y favoreciendo respuestas amigables, usando tu sentido del humor.

¡No lo haces para los otros! No se lo dedicas a los que te rodean. Te regalas relacionarte y obtener lo que necesitas con mayor facilidad, sin pérdidas de tiempo, ni dolores de cabeza. El buen trato es el colágeno de nuestros vínculos. Lubrica y amortigua, demorando reacciones agresivas y contraproducentes.

Las personas expertas en coordinar acciones en forma efectiva con sus equipos, compañeros de trabajo, familiares y amigos muestran esta disposición anímica. La han entrenado tanto que ya parece natural que su humor y amabilidad sean la primera reacción. Tardan en salirse de su eje, por lo tanto, mantienen el equilibrio, logran permanecer centrados en sus intereses y conservan el poder de decidir con ecuanimidad.

OCTAVA PRÁCTICA: DESPERTAR LA AMABILIDAD

En una postura cómoda, respira profundamente tres veces, relajando con suavidad tu cuerpo y conectando con la espaciosidad de tu mente.

Piensa en alguien que naturalmente traiga una sonrisa a tu rostro. Puede ser cualquier persona, algún niño querido, un buen amigo, tu pareja, algún mentor, incluso puede ser tu mascota. Te servirá cualquier ser que te despierte un sentido de aprecio, alegría, cariño o gratitud.

Evoca la presencia de este ser con el mayor detalle que puedas, o recuerda alguna situación concreta en la que te hayas sentido realmente conectado con él. Si trabajas con un recuerdo concreto, trae a la mente lo que estaba sucediendo y cómo te sentías.

Dedica unos minutos a sentir todo lo que aflore de esa experiencia, sosteniendo esta imagen en tu mente. Observa cómo responde tu cuerpo, cómo se siente. Reconoce las sensaciones físicas asociadas con la amabilidad y la amistad. Presta atención un par de minutos y comprueba si puedes intensificar ese sentimiento en todo el cuerpo. Por último, trae de vuelta tu atención a la respiración durante 1 o 2 minutos dejando ir las imágenes y los recuerdos.

Tómate un momento para reflexionar sobre las siguientes preguntas:

¿Qué te llamó la atención de esta experiencia?

¿Experimentaste algún cambio en las sensaciones corporales? Describe cualquier cambio que hayas notado en cualquier parte de tu cuerpo.

¿Hubo alguna sensación que te agradara o alguna sensación que te desagradara?

Como habrás observado, las sensaciones no son simples reacciones automáticas, sino que son algo que se puede evocar de diferentes maneras, por ejemplo, a través de imágenes, recuerdos, intenciones. Las emociones también emergen en el diálogo interno. Un estado interno caracterizado por la buena voluntad y la amabilidad genera en el cuerpo unos cambios palpables que pueden afectar tanto a la sensación inmediata de bienestar, como a la salud a largo plazo. Cuando en el diálogo interno se instala la ira, el resentimiento o el miedo y se hacen crónicos, pueden afectar negativamente la salud, aumentando el riesgo de la enfermedad al debilitar el sistema cardiovascular e inmune.

Cualquiera sea la emoción con la que estemos trabajando, la mente tiende a enfocarse en el objeto externo, la situación o la persona como la causa aparente de esa emoción, pero la verdad es que la causa principal de cómo nos sentimos sobre cualquier cosa radica en nuestros hábitos mentales y emocionales, más aún, el receptor inmediato de la emoción es quien la siente (léase tú). Si la verdadera causa de las emociones fueran otras personas, todos sentiríamos lo mismo por un determinado individuo. Pero sabemos que esto no es fácil, nuestro mejor amigo puede ser el peor enemigo de otra persona, y alguien a quien consideramos desagradable y ofensivo puede ser el mejor amigo

de otro. En última instancia, somos los responsables y los receptores de las emociones y las actitudes que desarrollamos, por eso, podemos parafrasear al Dalai Lama: "Cuando practicamos la amabilidad hacia los demás somos sabiamente egoístas".

La mente y el cuerpo humanos están diseñados para desarrollarse plenamente con la amabilidad, el amor, el cariño que "activan el sistema de calma y afiliación del cerebro" lo cual hace que nos sintamos seguros, contentos y alegres. Es un sistema que comienza a imprimirse a una edad temprana cuando aún estamos en el útero materno y se activa durante toda la vida, siempre que estamos con personas con las que nos sentimos emocionalmente conectados, en sintonía y seguros. Cuando recibimos y damos muestras de amabilidad a nosotros mismos y a otras personas, la glándula pituitaria libera oxitocina, la neurohormona del apego y de la conexión, la cual propicia sentimientos de confianza, afiliación y conexión, reduciendo la reactividad ante las amenazas, en el circuito cerebral del miedo y el estrés. Es por esto por lo que la amabilidad es fundamental no solo para mantener una buena salud psicológica, sino también para recuperarnos de experiencias difíciles.

El poder sanador de la amabilidad se refleja en el hecho de que uno de los predictores más seguros del éxito en psicoterapia es la capacidad del terapeuta de relacionarse con sus pacientes desde la actitud llamada "consideración positiva incondicional" (término creado por el gran psicólogo Carl Rogers), una cualidad relacional que se caracteriza por una profunda empatía con el otro y su aceptación incondicional. Como tal vez ya hayas observado, en tu práctica de meditación, también nos podemos ofrecer "a nosotros mismos" este tipo de presencia y así activar el mismo sistema de calma y afiliación. En nuestro cuerpo, cuando nos sentamos a meditar, cultivamos la práctica de hacernos íntimos con nosotros mismos, ofreciendo una consideración positiva incondicional a todo lo que surja y aprendiendo a no enjuiciarnos.

Las meditaciones de amor-amabilidad y de compasión que exploramos tradicionalmente se enseñan para que la mente alcance cierto grado de estabilidad mediante el *mindfulness*. Son estrategias potentes para fortalecer estas capacidades naturales de la mente y el corazón. En general, la amabilidad surge al notar las cualidades positivas en nosotros mismos y en los demás. Pero, como pronto veremos, esta capacidad de notar lo que es apreciable en nosotros y en los demás (apreciatividad) y de ver todo el potencial que hay en todos nosotros no es algo fijo, al contrario, se trata de una amabilidad que puede entrenarse en diferentes formas. Podemos aprender y enseñar a conectar con ese amor y amabilidad, y así expandir esta capacidad natural momento a momento.

Los enemigos de la amabilidad

La amabilidad tiene un enemigo lejano, fácilmente reconocible, el odio, y también un enemigo cercano, un impostor que se disfraza de amabilidad, pero que no lo, se llama *apego autoconcentrado*. Hay determinados tipos de apego que son muy beneficiosos, como en el vínculo entre padres e hijos, pero existe otro apego que, a menudo, se confunde con la amabilidad y que es un "falso amor", "un amor interesado centrado en uno mismo" en donde ofrezco amabilidad a cambio de algo. Este pseudoamor es más una actuación que una realidad. Este tipo de interacción es nociva, condicional y suele ser tóxica.

¿Cómo podemos distinguir el amor del apego? A veces, aunque las palabras y los actos parecen los mismos, y parecen destinados al bienestar del otro, en realidad, el foco está puesto en uno mismo, en nuestras necesidades, en nuestros deseos. No es nada raro participar en este tipo de interacción, incluso con nosotros del mismo modo que lo hacemos con los demás. ¿Cómo es posible esto? Condicionamos nuestra propia autoaceptación a cumplir ciertas expectativas de quienes deberíamos ser, de cómo deberíamos actuar, de cómo debería ser nuestra imagen frente al espejo, es decir, nos amaremos y apreciaremos en la medida en que estemos más delgados, obtengamos un nuevo empleo, produzcamos mayor bienestar económico, consigamos pareja... Con consciencia podemos empezar a desenmarañar esta complejidad, analizar nuestras motivaciones y escoger la más sana. De esta forma, podemos soltar el apego centrado en el propio ombligo y empezar a acercarnos al amor.

Si el sufrimiento es la brecha entre nuestras expectativas y la realidad, ser consciente de estas expectativas para luego soltarlas es un ejercicio valioso para aliviar el sufrimiento propio y el de los demás. La diferencia entre el apego autocentrado y la verdadera amabilidad se observa en la aceptación incondicional de los demás tal como son y de nosotros mismos tal como somos, con nuestras luces y con nuestras sombras. Evidentemente, es más fácil decirlo que hacerlo, sobre todo cuando se trata de nuestra pareja, de nuestros hijos. Por eso quiero enfatizar la idea de "práctica", entrenamiento, cultivo, en vez de abordar el asunto como un "deber moral".

EJERCICIO 10. DE LA GRATITUD A LA AMABILIDAD: CREANDO UNA MENTALIDAD PRÓSPERA

Una estrategia importante para el cultivo de la amabilidad en nuestra vida es tomar contacto con la gratitud y el aprecio, notar lo que funciona bien en nosotros mismos y en los demás, ver todo lo bello que hay a nuestro alrededor y en las personas de nuestro entorno. Esta mirada apreciativa nos ayuda a absorber lo bueno y saborear los regalos que ya están presentes. La idea de tomar un registro escrito de la gratitud (diario de la gratitud) permite adoptar una actitud mental de abundancia, de valoración y reconocimiento, y así, disminuir la tendencia de la mente a centrarse en lo que falta. Es un *movimiento mental de la escasez a la abundancia*. La gratitud es la llave de paso para cerrar el grifo de la escasez y abrir el de la abundancia.

La gratitud está asociada al aumento de la felicidad, de la satisfacción vital, del bienestar y a la disminución del estrés y de los síntomas ansiosos y depresivos.

Este ejercicio es la invitación a que cada noche durante los próximos siete días escribas cinco personas o eventos por los cuales te sientas agradecido. Puede ser algo que salió bien en tu día, algo bello que hayas apreciado, o alguna cualidad positiva que hayas visto en vos mismo o en los demás. Nada es demasiado trivial para que no lo puedas apreciar. Mantén este anotador o un folio y un lápiz cerca de tu cama, para acordarte de escribir antes de dormirte. Si se te olvida escribir una noche, puedes hacerlo a primera hora de la mañana siguiente.

Al hacer este ejercicio durante una semana notarás cómo prestar una atención apreciativa a tus experiencias cotidianas impacta positivamente en tu mente, en tu ánimo y en tus percepciones.

Cuando hayas terminado el ejercicio al cabo de siete días, lee toda la lista de cosas por las que te has sentido agradecido, y dedica unos minutos a saborearlas y asimilar lo que has descubierto en este ejercicio. Por último, si te sientes motivado, amplía esta práctica por períodos más largos.

De la escasez a la abundancia

En las escrituras budistas antiguas que se ocupan de la regulación emocional, se cuenta una anécdota en donde un devoto de Brahma (Dios Padre para el hinduismo) se acercó a Buda y le preguntó cómo podía fundir su mente con la mente de Brahma, de Dios. En un gran gesto de empatía, Buda no respondió con algo así como: "Lo siento, aquí estudiamos filosofía no religión. No compartimos el mismo pensamiento que una tradición teísta". Al contrario, tomó la pregunta y aprovechó para contestarle, explicando la función de las cuatro cualidades de la mente, diciéndole que debería cultivar estas cualidades en su mente y en su corazón. Así Buda habló de las cuatro cualidades: "el amor incondicional, la empatía y compasión, la alegría altruista y la ecuanimidad". Buda le dio este consejo: "Cultiva estas cuatro cualidades porque la mente y el corazón con ellas, sin duda, estarán cerca de Dios".

La receta de Buda para el equilibrio emocional parece incluir una buena dosis de ecuanimidad, mantener a raya el apego y la aversión, y poseer un corazón cálido, abierto, tierno y cuidadoso. Es simple, pero no fácil. Necesitamos cultivar las otras tres cualidades, además de la ecuanimidad (el amor incondicional, la empatía y compasión, y la alegría altruista). Todas ellas son distintas envolturas de la misma calidad básica que es *el amor universal,* como buena voluntad y deseo genuino de que todos los seres sean felices. La alegría es la forma en que la energía del amor responde a la felicidad del éxito y la belleza de los demás, y la compasión es la respuesta natural de esta energía amorosa cuando se encuentra con el sufrimiento. Misma energía, diferentes nombres.

EJERCICIO 11. MEDITANDO EN EL AMOR Y EN LA AMABILIDAD

Recuerda que es una invitación. A través de la intención, la práctica constante y coherente, se obtienen los mejores resultados. Si aparece tristeza, podemos aceptarla como parte natural del proceso de sanación del corazón. Si surgiera, intenta sostenerla con ternura sin forzar nada, volviendo al objeto de la meditación. Si notas que tu corazón se siente seco, recuerda que incluso cuando solo reflexionas sobre la amabilidad, algo ocurre en tu interior. No olvides: "Cualquier cosa a la que prestamos atención se vuelve nuestra realidad".

Esta meditación sobre el amor incondicional ha sido creada por la gran meditadora Kelly McGonigal. Si la practicas en forma regular, puede ser una fuente de gran alegría y generosidad. Ofrecemos algunas instrucciones escritas para quienes prefieran leerla; otros preferirán grabarla para poder escucharla como una meditación guiada.

Para empezar, centra la atención en la zona alrededor del corazón, observando cómo se expande o se llena suavemente cuando inhalas y cómo se relaja cuando exhalas. Imagina durante unas cuantas respiraciones que puedes llevar el aire que inhalas directamente al centro del pecho expandiendo los pulmones y el corazón. Imagina que puedes exhalar directamente desde el centro del pecho.

Centra tu atención en las sensaciones de la respiración en el pecho, trayendo una observación amable a cualquier sentimiento que percibas.

Dedica los minutos siguientes a prestar atención a las sensaciones que notas alrededor del corazón al respirar. Cuando observes que la mente se te ha ido hacia pensamientos, imágenes, sonidos o sensaciones de otras partes del cuerpo, dirígela suavemente de nuevo a las sensaciones del pecho, que se eleva al inhalar y desciende al exhalar.

Ahora piénsate a ti mismo como niño en la edad que puedas recordar de tu infancia. Como todos los niños, eras inocente y estabas ávido de amor, dispuesto a hacer cuanto podías para que te amaran, y no siempre comprendías lo que ocurría cuando no cumplías con las expectativas de los demás. Imagina que tienes adelante a ese niño ¿qué le desearías? Naturalmente que sea feliz, que esté seguro, que lo quieran, que se sienta contento. Deja que tu corazón se impregne de cualquier sentimiento de ternura y aprecio por ese niño que eres tú. Y, a continuación, repite en silencio estas aspiraciones dirigidas hacia ti mismo como niño: "que seas feliz, que seas amado, que tengas paz y alegría".

Ahora trae tu mente a algo que aprecias de ti mismo. Puede ser algo que hiciste o alguna cualidad personal. Si te resulta difícil, imagina qué dirían de ti tus padres o un buen amigo. Dedica un momento a reconocer este aspecto de ti mismo, como cuando ofreciste la calidez y la generosidad de la propia amistad, mientras repites en silencio estas frases con plena libertad para cambiarlas si lo necesitas a fin de conectar mejor con el sentimiento que las palabras encierran: "que sea feliz, que pueda dar y recibir todo el amor que necesita, que pueda conocer la paz y la alegría".

Descansa algunos momentos inhalando y exhalando con suavidad.

Ahora lleva a tu mente un ser querido, por ejemplo, un familiar, un amigo, alguien cuyo recuerdo te traiga una leve sonrisa al rostro. Intenta sentir su presencia delante de ti. Imagina que lo miras con los ojos del corazón. Observa qué sientes cuando piensas en las relaciones cercanas; suele haber algún conflicto y asuntos complejos, pero por ahora simplemente presta atención a cualquier sentimiento de gratitud, afecto, cariño que esa persona querida te despierte. Al verla con los ojos del corazón ¿qué le deseas? Repite en silencio frases que te lleven a expresar la buena voluntad de tu propio corazón: "que seas feliz, que puedas dar y recibir el amor que necesites, que encuentres paz y alegría".

Nuevamente, descansa un momento inhalando y exhalando con suavidad.

Ahora piensa en alguien conocido que no te sea cercano ni con quien tengas conflictos. Observa qué sientes al pensar en esa persona. Al igual que tú, esta persona tiene objetivos y sueños, desea amar y ser amada, contribuir, ser apreciada. Ahora piensa en esa persona extraña como ser humano completo, con una vida de múltiples facetas y matices al igual que la tuya. Mírala con los ojos del corazón y repite en silencio de corazón: "que seas feliz, que puedas dar y recibir el amor que necesites, que encuentres paz y alegría".

Descansa, inhala y exhala con suavidad.

Ahora piensa en alguien con quien tengas problemas o no te sientas cómodo. Tal vez una persona con la que no te llevas bien o con quien compites por algo. Quizá crees que te ha hecho algo que te ha generado daño; no es necesario que elijas a las personas más difíciles de tu vida. Observa cómo te sientes al pensar en esa persona. Procura verla con los ojos del corazón. Considera la posibilidad de que todos los actos se pueden interpretar como expresiones trágicas de necesidades insatisfechas y esta persona, igual que tú, tiene metas y sueños, es el ser querido de alguien, es el hijo de alguien, el padre o la madre de alguien, el amigo, la pareja de alguien. Al igual que tú, desea amar y ser amada, contribuir y ser apreciada. Recuerda *que es posible desear el bien a otra persona sin tener que perdonar sus acciones y sin tener que reconciliarse con ella*. Teniendo esto en mente, repite en silencio frases como estas que merece por el simple hecho de ser humano, y dile: "te deseo que seas feliz, que recibas todo el amor que necesitas, que conozcas la paz y la alegría".

Ahora reflexiona sobre esta idea: *mi vida está apoyada por innumerables personas que me ayudan de muchas formas, grandes y pequeñas. Entre ellos, quienes tengo por amigos o extraños, incluso aquellos con quienes tengo problemas. Todos, de alguna forma que nunca sabremos, de verdad, recibimos la ayuda de muchísimas personas. Ahora piensa que también tú, y de un modo que quizás jamás comprenderás del todo, desempeñas una función similar de apoyo en la vida de otras incontables personas*. Deja que tu mente descanse un momento en la consciencia de profundo aprecio e interconexión.

Amplía tu mirada y ábrete al alcance de todos los que te rodean imaginando que tu corazón es como un campo de energía que se expande en todas las direcciones cada vez más amplio hasta incluir a todos los habitantes de la región, tu país, tu continente y el planeta. Deja que un sentimiento de cariño y amabilidad se extienda a quienes sufren y a quienes son felices, a los ancianos, a los que tal vez estén muriendo y a quienes acaban de nacer (con toda la vida por delante), a los ricos y a los pobres, a los que tienen aspiraciones y a los que se han quedado sin motivo para vivir. En el silencio expresa la voz interna: "que todos los seres, en todas las partes, sean felices, que den y reciban todo el amor que necesitan, que conozcan la paz y la alegría".

Descansa un momento en este estado de apertura, amabilidad y consideración por los demás. Nota cualquier sensación de paz y felicidad que haya dejado este ejercicio en tu cuerpo.

Para terminar, dedica un esfuerzo positivo a la paz y el bienestar de todos los seres del mundo incluido tú mismo. Considera que mientras realizas esta práctica para profundizar y ampliar tu capacidad del corazón, muchísimas otras personas de todo el mundo están ampliando también su propia amabilidad y buena voluntad para que te lleguen también a ti.

Antes de finalizar esta aproximación a la temática de la amabilidad, vamos a realizar una práctica budista.

NOVENA PRÁCTICA: EJERCITAR "EL BUEN OJO"

Este antiguo ejercicio en el universo budista se denomina ejercitar "el buen ojo". En Occidente podríamos llamarlo ejercitar "la apreciatividad". Es un ejercicio en donde tomas un grupo de personas o de situaciones y buscas la belleza y la bondad en sitios inesperados, en personas a las que normalmente ignorarías, porque no tienen que ver contigo, que no te parecen bellas, o te resultan raras o poco interesantes. Busca cosas o hechos que puedan ser motivo de aprecio en tu vida cotidiana.

El punto central es practicar ver a los demás como te gustaría que los demás te vieran a ti.

Por último, recuerda que todos deseamos que nos vean con ojos llenos de amabilidad, que *nos vean con buenos ojos*, que nos quieran, que nos acepten, es la mayor de nuestras motivaciones.

EXPLORANDO EL PERDÓN PARA SANAR LAS RELACIONES

En algunas ocasiones, transitando un momento de decepción o de duelo en alguna relación afectiva importante, me sugirieron que perdonara, que diera vuelta la página. A veces me enojé ante el consejo. Otras veces quise y no pude. Y en ciertas ocasiones, de menor impacto en mi vida, dejé atrás la experiencia difícil y avancé hacia lo nuevo con facilidad.

¿Cómo ha sido tu experiencia en situaciones similares?

¿Cuántas veces has pensado en perdonar y te has preguntado de qué te serviría?

¿Por qué algunas personas insisten en que el perdón es la salida y que es la forma de soltar las experiencias desagradables?

La respuesta a estas preguntas puede ser variada. Puedes no estar de acuerdo con perdonar. Sin embargo, es importante encontrar una forma, un método hábil para liberar el recuerdo, el temor, el enojo, la desconfianza que deja el daño recibido de cualquier tipo. Es imperioso superar la huella dolorosa para elegir de nuevo y animarnos a interactuar en el mundo con liviandad.

Para tener relaciones interpersonales sanas y armónicas antes necesitamos sanar las heridas emocionales del pasado. Perdonar, ser perdonados o incluso perdonarnos es la sugerencia de la sabiduría ancestral de Oriente y Occidente.

Uno de los desafíos más importantes en el camino hacia el equilibrio emocional tiene que ver con superar las situaciones que arrastramos del pasado, aquellas que no hemos liberado, que no hemos soltado, y a las cuales seguimos apegados de una u otra manera. No haber perdonado condiciona nuestro presente y tiñe de prejuicios las situaciones que se nos presentan. Es como ir conduciendo el auto con el freno de mano puesto. Seguimos pagando, una y otra vez, las consecuencias de ese suceso y no terminamos de dejarlo en el pasado.

Sin lugar a duda, si has llegado a la adultez, es probable que hayas sufrido tu cuota de desilusiones, dolores, injusticias, traiciones, humillaciones y negligencias. También es altamente probable que hayas sido responsable, consciente o inconscientemente, del sufrimiento de otras personas. En algunos individuos, estas heridas son relativamente pequeñas piedritas, pero para otras personas se convierten en pesadas rocas cargadas en la espalda. Aunque no hayas sufrido grandes traumas personales, probablemente acarreas algunas de estas heridas relacionadas con el pasado y, en términos generales, dado que somos miembros de la familia humana, podemos identificarnos con las víctimas de grandes injusticias, como ataques terroristas, muertes de civiles en las guerras, la brutalidad de las dictaduras y hasta la obscena brecha entre ricos y pobres en algunas sociedades.

Trabajar el perdón implica transformar el resentimiento en paz para empezar a curar nuestra relación con el pasado y abrir nuevos espacios de felicidad en el futuro. El resentimiento es ese sentimiento que nos golpea una y otra vez, trayendo a nuestra mente la misma circunstancia, afectando la misma parte del cuerpo. Es habitual que nuestros juicios estén atados a algún resentimiento o dolor pretérito, que es difícil dejar ir. Ver la situación por resolver "en el presente", la persona concreta que tenemos adelante "aquí y ahora", solo es posible si desinstalamos el programa del resentimiento.

Tratar el tema del perdón no es cómodo. Sin embargo, de una manera suave, lenta y gradual, podemos hacernos cargo de curar la relación con el pasado y así ser capaces de abrir nuevos espacios de felicidad en el futuro. No hay auténtica transformación sin enfrentar algún esfuerzo. Familiarizarse con ver y superar estos espacios sombríos no solo genera mayor estabilidad interior para los momentos difíciles, sino también ayuda a convertir lo difícil en algo significativo.

El perdón es la manera que tiene el corazón de saber cómo curar las inevitables heridas y decepciones de la vida, implica suavizar el corazón y soltar el resentimiento y la ira hacia quienes nos han herido o traicionado o abandonado, incluido hacia nosotros mismos.

EJERCICIO 12. CREENCIAS SOBRE EL PERDÓN

A continuación, escribe las respuestas a cada pregunta, dedicando unos minutos a reflexionar sobre lo que realmente crees. Explora tus propias creencias acerca del perdón. Es muy importante conocerlas para que puedas transmutarlas.

¿Quién se beneficia del perdón?

¿Son lo mismo el perdón y la reconciliación? Si no lo son, ¿cuál es la diferencia?

¿El acto de perdonar le resta importancia a la ofensa o exime de responsabilidad a quien se perdona?

¿Es el perdón signo de debilidad o de fortaleza?

¿El perdón exige una disculpa?

¿El perdón es un proceso o se produce en un momento?

¿Perdonar siempre implica olvidar?

Me gustaría compartir contigo respuestas a estas preguntas que han dado otras personas que han sufrido mucho y, sin embargo, han sido capaces de perdonar. No hay respuestas correctas, sino simplemente otras perspectivas que pueden iluminar y ampliar la nuestra.

El perdón puede ser visto como la libertad de una presión interior. Muchos coinciden en que uno mismo es el que recibe el mayor beneficio cuando perdona. Usualmente actuamos como si el perdón fuera un regalo que le hiciéramos a otra persona y nos quitamos a nosotros mismos de la ecuación. Si realmente comprendiéramos que el perdón es, ante todo, un acto de autocompasión, nos sentiríamos menos inclinados a aferrarnos al resentimiento.

Otra creencia dice que *el perdón y la reconciliación no son lo mismo*. Perdonar es un proceso de dejar ir, no de escuchar a la otra persona, ni tampoco de reconciliarse. La reconciliación es algo maravilloso cuando es posible, pero no es lo mismo que el perdón. La reconciliación es más compleja porque implica que ambas partes estén dispuestas a curar las heridas y restablecer una relación dañada, también exige que la persona que cometió la falta manifieste auténticamente remordimiento y un claro compromiso de cambiar su forma de comportarse.

En cambio, perdonar significa liberar el propio corazón y soltar la ira y el deseo de venganza. La reconciliación es imposible si no existe el perdón, pero es perfectamente posible perdonar sin reconciliarse. Las disculpas del ofensor, si son sinceras, resultan de gran ayuda; si no lo son, hace más daño qué beneficio. Las disculpas como la reconciliación no son un requisito para el perdón. Hay casos en que no se puede curar la relación con el otro, por ejemplo, cuando se trata de recuerdos difíciles de padre y madre ya fallecidos, sin embargo, el perdón puede ayudar a sanar la relación desde nuestro interior. Por último, puedes perdonar a alguien y mantener la decisión de no volver a verlo nunca más. Nadie debería estar obligado a vivir su vida en una relación tóxica o abusiva. Esto significa que, aunque no podamos mantenernos en contacto con alguien, sí podemos desearle lo mejor. No olvides que muchas de las personas que hoy nos despiertan rechazo fueron importantes y queridas en algún momento, y ahora hay otros que las quieren.

Otra manera de mirar es que *el perdón no minimiza, no condona la deuda ni la pena, ni le resta importancia a la ofensa*. Un temor habitual que surge al pensar en perdonar a alguien es que podamos dejar libre de responsabilidad a esa persona o transmitir el mensaje de que nos parece bien lo que hizo. Naturalmente abre la temible posibilidad de que se repita la historia, pero, de hecho, cuando perdonamos lo que hacemos es librarnos del anzuelo del rencor y de la ira, algo completamente distinto es lo que luego ocurra con la otra persona. Es decir, se causó un daño, es concreto, es un hecho; si la legislación dice que es un delito, la persona que provocó el daño deberá pagar como la ley exija; yo decido soltar el odio, soltar el rencor y seguir con mi propia vida.

Es importante tener en cuenta que el proceso de perdonar no es simple ni lineal, a medida que vayas haciendo las prácticas del *mindfulness* irás adquiriendo mayor capacidad para dejar de identificarte con los sentimientos de ira y rencor, así como con los discursos mentales que te tienen aprisionado en el victimismo. Sin embargo, es probable que la mente se te nuble una que otra vez, que las emociones o los pensamientos intensos te jueguen una mala pasada. La clave está en la paciencia y la constancia, como el buen jardinero sigue arrancando pacientemente las hierbas del rencor y el resentimiento y regando el perdón.

Superar el resentimiento y perdonar no implica olvidar. Muchos de los conflictos no resueltos del mundo se deben, en parte, al miedo a que si se perdona el mal causado, ello implique una falta de lealtad hacia quienes hayan sufrido. Todos conocemos familias cuyos miembros llevan años sin hablarse, regiones enteras que han padecido dolor y que tienen un enfrentamiento entre sus vecinos que se extiende a lo largo de décadas o de siglos. En muchos casos nadie ya recuerda qué desencadenó ese conflicto, pero los bandos quedaron definidos, se trazaron las líneas que los separan y, traspasarlas, equivaldría a ser desleal. Los actos de venganza pasan de una generación a otra y puede existir incluso temor a ser desleales a nuestro propio sufrimiento. Perdonar no es olvidar.

El perdón es una forma de sostener en el corazón algo que estuvo mal y al mismo tiempo permitirse dar los pasos necesarios para corregirlo, y prevenir que se repita.

EJERCICIO 13. MEDITACIÓN PARA CULTIVAR EL PERDÓN

La siguiente meditación guiada es sobre el perdón. Recuerda que puedes leerla o grabarla como en los ejercicios de meditación anteriores.

Siéntate en un lugar silencioso y tranquilo con una postura que propicie la comodidad, la relajación y un estado de alerta para realizar este ejercicio.

Antes de empezar puede ser útil recordar que el corazón "se abre y se cierra" a su propio ritmo. Observarás diferencias de un día a otro, el perdón no se puede forzar, pero se puede cultivar.

El primer paso siempre es aceptar lo que esté aquí, en este momento, también puede ayudar recordar que el perdón no excusa, no condona ni justifica las acciones dañinas, tampoco exige que te reconcilies con la persona que te ha lastimado, ni que la busques, ni siquiera que hables con ella; simplemente es un movimiento del corazón, *es activar esta capacidad presente de sanarse a sí mismo* a través del reconocimiento del dolor y después decidir soltarlo con la determinación de no dejar que la amargura o el rencor endurezcan tu corazón.

Empieza con tres respiraciones diafragmáticas profundas, dejando que con cada inspiración se vaya calmando el sistema nervioso y logres llevar la consciencia al momento presente. Después de la tercera exhalación, deja que la respiración recupere su ritmo normal como lo hace cuando no la manipulas. Al respirar centra paulatinamente la atención en la zona del pecho, percibiendo la expansión y la relajación de este entrar y salir del aire. Comprueba si puedes encontrar el centro del corazón y ese punto suave situado en el centro del pecho, donde sentimos el amor y la tristeza. Procura imaginar que inhalas y exhalas en este lugar.

Ahora observa cómo te sientes en este momento justo en el centro del pecho. ¿Qué hay ahí?, ¿sientes algún tipo de tensión o de temblor o tal vez un cierto adormecimiento, quizás suavidad, sensibilidad o amplitud?

Dedica un momento a respirar suavemente en el centro del corazón y a observar cualquier barrera emocional que hayas reconocido o cualquier sentimiento que hayas estado llevando contigo porque no te has perdonado a ti mismo, o no has perdonado a los demás. Permítete sentir el dolor que te produce mantener el corazón cerrado. Busca los espacios del corazón que no han perdonado e intencionalmente llénalos de luz, de aire, de ternura.

La actividad se divide en tres espacios diferentes: perdón de los otros, el perdón a uno mismo y el perdón a los demás.

Elige la práctica que creas que más necesitas en este momento de tu vida.

El perdón de los otros

Respirando suavemente, recuerda y visualiza maneras en que hayas podido hacer daño a los demás. Usualmente, es más efectivo empezar con cosas pequeñas y traer a la mente todo aquello que puedas sostener con amabilidad y ecuanimidad tanto como sea posible. Contempla el dolor que le has causado a partir de tu propio miedo y confusión, sintiendo la tristeza y el arrepentimiento que pudieran surgir al hacerlo, tolerando el dolor de la situación de los otros y el tuyo. Con toda la ternura que tengas, siente la posibilidad de soltar finalmente estas cargas, a través del hecho de pedir perdón. Toma todo el tiempo que necesites para imaginar cada recuerdo, cada situación que aún te pese en el corazón, y a medida que aparezcan en tu mente las diferentes personas, repite en tu mente "por todas las formas en que podido herirte o hacerte daño, te pido perdón".

Permítete sentirte miembro de la familia humana, conectando con este dilema humano que nos recuerda que, como todos, a veces actuamos por debajo de nuestros ideales y que, a menudo, no sabemos qué es lo que necesitamos, ni mucho menos cómo satisfacer estas necesidades.

El perdón a uno mismo

Dedica un momento a sentir tu propio cuerpo y tu preciosa vida, siente la respiración como sostén de tu existencia, momento a momento, y el milagro de tu cuerpo, tu corazón y tu mente.

Trae a tu mente las maneras en que te hayas podido causar algún daño. Podemos ser especialistas en sabotearnos, intentando llevar la misma consciencia sincera, pero amable a las maneras en que te hayas provocado sufrimiento, sea como autocrítica, comiendo en exceso o cualquier daño físico que te hayas inferido.

Al imaginar estas situaciones, deja que se abra el corazón conmovido por las expresiones de traición o de abandono hacia ti mismo. Conecta con la tristeza que has arrastrado y siente la posibilidad de soltar este peso. Extiende el perdón a cada acto dañino, uno a uno, repitiendo en tu mente "por todas las maneras en que me he hecho daño, por acción o falta de acción, a partir de mi miedo, dolor o confusión, me perdonó de corazón. Me perdono, me perdono...".

¿Qué sientes en este preciso instante al ofrecerte el regalo del perdón?

El perdón a los demás

Piensa en el daño que te ha afectado, en alguien que te ha podido herir de alguna forma. Es especialmente importante empezar con heridas pequeñas, no las más difíciles. Siente el dolor que arrastras del pasado. Hay muchos modos en que hemos podido ser heridos, maltratados, abandonados de manera consciente o inconsciente, a través de hechos, pensamientos o palabras.

Al recordar cada incidente, acuérdate de que cada persona que te ha causado sufrimiento, igual que tú, lo ha hecho por su propio miedo, por su ceguera y por su dolor. Ahora siente que puedes quitarte este peso de dolor extendiendo paulatinamente el perdón a medida que el corazón está dispuesto, permitiendo que emerjan las imágenes y los sentimientos para afrontarlos con ternura. Repite en tu mente, aunque sin forzarlo, "he llevado este dolor en mi corazón demasiado tiempo y para sanar en este momento te ofrezco mi perdón, te perdono, te perdono…".

Recuerda que el perdón no condona la ofensa, ni le resta importancia. Si esta acción no fuera negativa, no habría nada que perdonar. Recuerda también que puedes perdonar en este momento y volver después al no perdón, o puedes perdonar y descubrir una capa más profunda de tristeza.

Este trabajo profundo y paciente permite que te abraces *con atención plena*.

El verdadero perdón exige que lo sintamos todo, no tapa ni oculta, sientes realmente la pena y el dolor, y así abres la posibilidad de soltarlos y seguir adelante.

Al final del ejercicio, dirige la atención de nuevo a las sensaciones que notes en el centro del corazón mientras respiras, e intenta impregnar de bondad y de paz cada inhalación y cada exhalación. Inhala bondad, exhala paz, inhala bondad, exhala paz.

Concluye la práctica con un momento de celebración por tu coraje y compromiso en vivir con el corazón abierto. ¡Que esta práctica te traiga beneficios y también a todos quienes te rodean!

TUS NOTAS

TUS NOTAS

Capítulo 4

MINDFULNESS DE LOS PENSAMIENTOS Y LOS PROYECTOS

¿Para qué relacionar los pensamientos con los proyectos? ¿Por qué hablamos del equilibrio emocional y de la gestión del miedo y del enojo antes de hablar de los proyectos?

Nuestro proyectos y planes de futuro están formados de materia sutil. Provienen de nuestros deseos y anhelos. Concretarlos implica una acción sostenida en el tiempo, perseverancia, claridad mental y equilibrio emocional.

La fuerza del deseo, de la ambición, de un sueño planta la semilla de un proyecto. Que fructifique depende de varios factores. Es necesario impedir que los pensamientos y creencias limitantes y boicoteadores fagociten el impulso hacia la acción, y es fundamental que sostengamos los estados de ánimo propicios para el desarrollo del proyecto en el tiempo.

Por eso hablaremos en este capítulo de los pensamientos y de los proyectos. El objetivo es reconocer que "la energía sigue al pensamiento", y que el proyecto se hará realidad en coherencia con nuestras acciones y en línea con nuestras emociones.

Vimos en el primer capítulo que donde pones la atención, eso es lo que generas. Para crear y materializar

tus proyectos aprenderás con el *mindfulness* a enraizarte en tu consciencia, dejar ir los pensamientos limitantes y alimentar las emociones que te mueven positivamente, impulsando tus proyectos, como la confianza, la ambición, la pasión, el amor, la serenidad y la paciencia.

Hemos trabajado en la experiencia del equilibrio emocional, en el cuerpo, en las sensaciones, en nuestros estados de ánimo. También en nuestras relaciones interpersonales, analizando el poder de la gestión emocional, del enojo, del miedo y liberando el resentimiento con el perdón.

Meditamos en el amor y en la amabilidad para relacionarnos armónicamente. En este capítulo, profundizaremos en nuestros pensamientos y cómo aportan a nuestro bienestar o malestar. Así completamos nuestro paisaje interior.

¿Qué es el pensamiento? Es un evento mental. Más allá de su invisibilidad, los pensamientos son poderosos, poseen la fuerza de determinar las decisiones y de dirigir las acciones. Nuestra comprensión del mundo y de nosotros mismos nace precisamente del entramado de pensamientos que sobreponemos a la realidad. Nuestras opiniones, preconcepciones y expectativas, basadas en experiencias previas, filtran la percepción y la experiencia directa que tenemos en el presente.

El pensamiento crea un mundo de experiencia más o menos estable y predecible, orientándonos hacia lo que está ocurriendo y facilitando la toma de decisiones sobre lo que conviene hacer en una determinada situación. Sin embargo, hay un inconveniente, y es que esta compleja capacidad evolutiva de pensar tiene una debilidad especial que consiste en tomar nuestros pensamientos como verdades. Los pensamientos que nos limitan muchas veces se convierten en profecías que se cumplen, ya que limitan la percepción y solo dejan entrar la información que confirma nuestras creencias.

Exploremos de qué manera saber que "no somos nuestros pensamientos" es un componente fundamental del equilibrio personal. Todos tenemos comentarios internos transmitiendo todo el día (nuestra propia radio) y, a menudo, interpretamos erróneamente esos comentarios como nuestra verdadera esencia, o aquello que nos define. Nada más lejos de la realidad, ni más culpable del malestar emocional. Existe una forma para relacionarnos con nuestros pensamientos que puede nutrir la sabiduría y la calidez, lo cual, a su vez, aumenta el equilibrio y la resiliencia; un aspecto clave de esta nueva forma de relacionarnos con los pensamientos permite desarrollar la capacidad de reconocer que los pensamientos son simplemente "eventos mentales puntuales" y observables. En este proceso quedará más clara la distinción entre la mente pensante (la pizarra interior), los pensamientos (lo escrito en la pizarra) y la consciencia (el testigo de todas estas experiencias).

¿Qué relación hay entre los pensamientos, las emociones, los estados de ánimo con el cultivo del equilibrio emocional? ¿Qué tiene que ver el equilibrio emocional con la posibilidad de llevar a cabo nuestros proyectos?

Pues bien, tiene mucho que ver. Tal vez reconozcas por propia experiencia que determinados pensamientos dan lugar a determinadas emociones. Recuerda a alguien que aprecias de modo especial, quizá alguna vez en que se divirtieron juntos o algún momento en que lo sentiste especialmente unido. Cierra los ojos por un instante y piensa en esto durante un par de minutos.

Al hacer este sencillo ejercicio muchas personas sienten calor en diferentes partes del cuerpo, se les abre el pecho, se le relaja la cara, también son habituales los sentimientos de cariño, ternura, gratitud y alegría. Del mismo modo, podemos buscar pensamientos diferentes que desencadenan correlatos físicos y emocionales, por ejemplo, si en el teatro privado de tu mente representas una discusión acalorada con una persona difícil, tu corazón se acelera, se te tensan los brazos y las piernas, y la cara se te contrae.

Evidentemente, los recuerdos intencionados son un poco más fáciles de controlar y suelen provocar emociones menos intensas que los que surgen de modo espontáneo, pero unos y otros generan emociones.

En el caso de desear ejecutar un proyecto, conocer la calidad de los pensamientos asociados a este, conocer tus pensamientos acerca de ponerlo en marcha, y discriminar las emociones que se disparan a raíz de esos pensamientos relativos a tu proyecto marcarán la posibilidad de guiar las acciones hacia la realización y conseguir el éxito.

LOS PENSAMIENTOS NO SON LA REALIDAD,
TÚ NO ERES TUS PENSAMIENTOS.

En la psicología budista, la mente es descrita como un sexto sentido y percibe todo tipo de pensamientos, grandes y pequeños, hermosos y feos, interesantes y aburridos, sabios y ridículos, pero "no somos los pensamientos". Los pensamientos de autoevaluación son particularmente seductores y convincentes. Aparecen en la mente disfrazados de verdad absoluta. Cuando se muestran pensamientos como "no sirvo para nada", "no soy digno de que me quieran", "he defraudado a la gente", "no tengo un proyecto calificado para llevarlo al éxito y para que sea financiado", nos quedamos atrapados en ellos, y los separamos de otros comentarios internos, como si fueran verdad con autoridad. Aunque esto no les ocurre a todas las personas, muchos tenemos la tendencia profundamente arraigada de desestimar las fantasías y otras categorías de pensamiento, como creaciones de la mente y, en cambio, tomamos cualquier juicio sobre nosotros mismos o sobre nuestros proyectos, o nuestra calidad de vida, como una verdad absoluta. Esta es precisamente la razón por la que el reconocimiento de que los pensamientos no son la realidad puede brindarnos una gran paz emocional y ecuanimidad mental a la hora de llevar adelante nuestros proyectos.

Nuestros pensamientos, en relación con su nivel de complejidad, son escenarios mentales completos que pueden incluir una imagenería compleja, con diálogos. Según el psicólogo Daniel Brown, van desde "movimientos de energía", "pensamientos fugaces", "pensamientos diferenciados", que tienen un tono emocional más fuerte, y "los pensamientos por asociación libre", que son más elaborados y tienen relación entre sí, al que llamamos "soñar despierto".

Los movimientos de energía son más fáciles de reconocer como simples pensamientos, igual que los pensamientos fugaces, pero a medida que se van haciendo más complejos, más intrincados, mejor relacionados, tendemos a empezar a creer que esos pensamientos no son solo pensamientos, que esa elaboración mental forma parte de nosotros mismos. Dada la naturaleza de los proyectos que suelen asociarse al pensamiento complejo, es muy valioso distinguir lo que pensamos de lo que deseamos y proyectamos diseñando el futuro.

Tal vez te preguntes ¿qué parte de mí es la que sabe que estoy pensando? Vamos a llamarla "consciencia", es como un testigo, es un tercer lugar interno, ecuánime, seguro y estable, desde el cual observo lo que sucede, siento o pienso como un espectador. En el espacio de la consciencia, estoy totalmente en equilibrio, reconociendo que "no soy los pensamientos", que "no soy las emociones", que "no soy mis estados de ánimo". Aunque pueda parecer escurridiza, cuanto más llegues a conocer tu consciencia y más aprenderás a volver a ella y a confiar en ella, más feliz serás la mayor parte del tiempo. Los pensamientos solamente se producen, sin ser conscientes de ellos; la práctica del *mindfulness* no implica generar pensamientos voluntarios, controlarlos, ni manipularlos, al contrario, supone ser conscientes de los pensamientos como tales, dejando que surjan y desaparezcan sin retenerlos, ni rechazarlos. Esta capacidad de ser consciente de los pensamientos puede ser usada cada vez que te acuerdes de prestar atención, ya sea meditando, ya sea en la vida cotidiana. Esta consciencia no es algo nuevo que necesites aprender, ya está ahí, y la tienes a tu disposición, sin importar lo que esté ocurriendo. La consciencia está ahí de forma natural, pero puede pasar inadvertida durante toda la vida, por lo que es necesario explorarla y conocer la experiencia. A medida que te familiarices con tu consciencia, te darás cuenta de que se puede convertir en tu refugio, un lugar natural de equilibrio para la mente y el corazón, con una capacidad ilimitada de encontrarse con la experiencia y abrazarla.

Una de las diferencias más sutiles e importantes entre la mente meditativa y la mente común consiste en el hecho de tener o no consciencia de estar pensando cuando se está pensando. Fíjate en que esto no implica que no deba surgir el pensamiento.

Meditar es llevar la consciencia al proceso de pensar, y a los pensamientos como objetos de la mente. La meditación consiste en mantener la consciencia clara del proceso de pensamiento, lo que nos permite percibir los pensamientos como lo que realmente son: "eventos mentales", en vez de tomarlos como algo real y sólido.

Al reconocer que un pensamiento es un pensamiento empezamos a ver su transparencia, su fluidez y su relatividad. Cuando dejamos de engancharnos con ellos o de perdernos en ellos, podemos recuperar el poder que sin darnos cuenta les habíamos cedido, y nos encontramos en una mejor posición para prevenir o remediar el desequilibrio emocional.

EJERCICIO 14. MEDITACIÓN: *MINDFULNESS* DE LOS PENSAMIENTOS

Siéntate cómodamente con la espalda recta, pero sin rigidez.

La intención de esta práctica es combinar un estado de alerta, relajación y calma, cualidades que no suelen ir juntas en la vida cotidiana. La postura del cuerpo favorece la capacidad de aceptar la mente y mantener una consciencia "no enjuiciadora". Es útil permanecer con la columna recta, la espalda fuerte, el pecho y el abdomen abiertos y relajados.

Empieza con tres respiraciones diafragmáticas profundas. Después de una tercera exhalación, respira con normalidad, relaja el vientre. Deja que el aire entre y salga sin manipularlo en ningún sentido. Concentra la atención en las sensaciones útiles y sencillas de expansión y contracción del vientre al respirar.

Práctica la consciencia de la respiración durante 10 minutos.

Cada vez que observes que la mente se aparta de la respiración, simplemente nota que se ha ido y a continuación tráela amablemente devuelta tanto como te sea posible. Deja que este proceso se produzca sin juicios y sin luchas internas, la divagación mental no es ningún error, sino algo propio de la naturaleza de la mente. Una vez consciente de que se ha dispersado, eres capaz de dirigir de nuevo la atención a la respiración con paciencia, no es necesario rechazar los pensamientos, simplemente nota que estás pensando y proponte redirigir la atención a la respiración, dejando que los pensamientos o cualquier otra distracción que te llame la atención desaparezcan de forma natural.

Cuando aparezca un pensamiento, quédate con la consciencia de su existencia sin intentar librarte de él y sin dejar que te arrastre. Observa qué ocurre con tus pensamientos al prestarles atención, si ves que el pensamiento se desvanece, después de observarlo, vuelve la atención a la respiración.

Puede ser útil *etiquetar los pensamientos* a medida que aparecen. Puedes emplear una etiqueta general, por ejemplo, "pensamiento" o alguna más específica como "plan", "juicio" o "preocupación".

El pensamiento: "esto es muy aburrido" se puede etiquetar como "juicio" y las etiquetas más específicas hacen proliferar los pensamientos; no te compliques y usa la etiqueta general "pensamiento".

Cada vez que aparezca un pensamiento ponle una etiqueta y observa qué ocurre sin analizarlo, sin dejar que la mente tome apego con respecto a ese pensamiento. Observa el contorno o la categoría del pensamiento, permanece identificando lo mejor que puedas con aquella parte de ti que es consciente de que piensas.

Cuando veas que la mente se te va detrás de algún pensamiento, vuelve tu atención a la respiración y a continuación reanuda la observación de los pensamientos.

Los pensamientos pueden ser muy seductores, puede ser útil imaginar la atención como un foco que puedes dirigir hacia el objeto principal de la meditación, sea esta la respiración, el sonido, las sensaciones o los pensamientos. Con este foco se puede ver la experiencia con la luz clara de la consciencia no enjuiciadora.

No es necesario que busques los pensamientos ni que los alejes utilizando la respiración como objeto principal de la consciencia. Deja que la atención se dirija por completo al pensamiento en el momento en que te des cuenta de que estás pensando.

Termina la meditación dedicando 12 minutos a devolver la atención a las sensaciones simples de la respiración, entrando y saliendo de tu cuerpo.

En tu propia experiencia, ¿qué observaste?

DÉCIMA PRÁCTICA: *MINDFULNESS* DE MI PROYECTO

Durante una semana, practica la consciencia plena de tu proyecto y observa cómo los distintos pensamientos y sus diferentes patrones influyen en tus emociones, tu estado de ánimo y tu forma de reaccionar ante los demás. Siempre que compruebes que te quedas "colgado" en algún pensamiento o idea acerca de tu proyecto, o alguna idea limitante, o algún juicio sobre determinada situación relativa a tu proyecto, limítate a preguntarte con una mente abierta y curiosa:

- ¿Realmente es verdad?
- ¿Estoy seguro de que es así?
- ¿Hay otras formas de interpretar esta situación?
- ¿Puede haber otros puntos de vista o alguna información adicional que no esté teniendo en cuenta?

Analiza qué te sucedió durante esta práctica.

Te invito a la práctica de atención plena para profundizar en la consciencia de los pensamientos, ser testigos sin identificarnos con ellos nos abre la puerta

a formas alternativas de interpretar cualquier situación, reduciendo así los patrones reactivos de apego, aversión y evitación.

Aunque a primera vista puede parecer difícil, extraño o incluso irrelevante, es perfectamente posible aprender a reconocer un pensamiento como lo que es: un pensamiento. La capacidad que permite este aprendizaje se llama *consciencia.*

La relación entre la consciencia y los pensamientos es similar a la relación entre el cielo y las nubes.

En la meditación del *mindfulness*, nos comenzamos a identificar con la consciencia (cielo) y cultivamos la capacidad de reconocer los pensamientos (nubes) como fenómenos transitorios y relativos.

Esta consciencia nos permite aumentar la eficacia de nuestros proyectos, desafiar los pensamientos que nos habitan, y posibilitarnos indagar en pensamientos de mayor creatividad e innovación.

TUS NOTAS

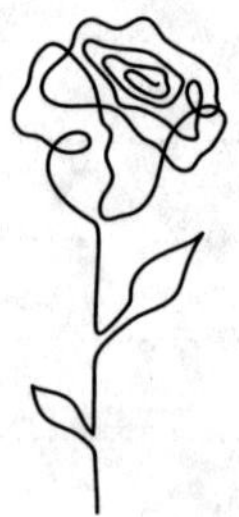

Capítulo 5

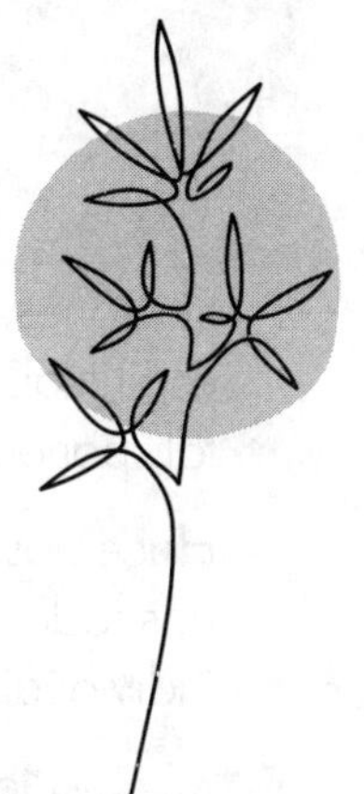

MINDFULNESS Y LA RELACIÓN CON EL MUNDO

Los seres humanos somos seres históricos y, como tales, somos llamados a participar del mundo que habitamos. Fuimos convocados a la vida en un tiempo concreto, con preocupaciones particulares, y nuestra vida está atravesada por la cultura que nos circunda.

En este "estar en el mundo" y en el diario devenir, desarrollamos nuestra misión. El sentido de nuestra existencia está marcado, lo asumamos o no, por nuestro compromiso con el mundo, con la humanidad a la que pertenecemos. Nacemos para algo. Que existamos hace la diferencia.

La ley causal universal es un mecanismo de relojería perfecto. Nada falta, nada sobra. Nadie es convocado a la vida por error. Por eso, nuestra participación en la vida es tan importante. Debemos comprometernos, de algún modo, a que el mundo esté mejor que cuando nacimos, porque aportamos algo valioso a su construcción y su evolución.

Lo pensemos o no, al diseñar nuestra visión de futuro, estamos imaginando el mundo para el mundo que nos rodea directa e indirectamente. El mundo que nos rodea encarna una historia con la que debemos aprender a navegar. Cada ser humano vive en comunidad con otros, con quienes participa en las organizaciones e instituciones. En la participación social, política, religiosa, espiritual, cultural, profesional, laboral, familiar, ambiental, ponemos en acción nuestro compromiso.

Hacernos cargo de nuestra relación con el mundo que nos rodea es más grande que lo que afecta nuestra vida individual.

¿Cómo te sientes con respecto a tu participación en el mundo en este momento de tu vida?

¿Te sientes protagonista de tu mundo?

¿Habías pensado que tu participación activa puede aportar a la evolución positiva de la vida humana?

Parte de la sabiduría que se cultiva mediante las prácticas contemplativas involucra el reconocimiento experiencial del sufrimiento como un aspecto natural de la vida.

Ese sufrimiento aparece como porción de la cultura de la que formamos parte y le da un sesgo particular a nuestra visión del mundo que nos rodea. Por afortunado, rico, inteligente o buen meditador que seas, habrá multitud de ocasiones en las que no tendrás lo que desees, obtendrás lo que no desees, estarás alejado de quienes ames, o tendrás que permanecer cerca de quienes no te gusten. Por su propia naturaleza, el cuerpo humano enferma, envejece y, al final, muere, y lo mismo ocurre con el cuerpo de aquellos a los que amamos. No hay nada personal en esto, ni nadie tiene la culpa de que así sea. Sencillamente, forma parte de las reglas básicas de la vida.

Toda vida muestra su lado amargo, la mente se queja: "¿por qué a mí?", lo cual refleja el hábito enraizado de aferrarse a la falsa idea de individualidad, de independencia, que se vuelve muy sólido cuando algo nos duele; cuando no tenemos problemas, raramente nos preguntamos: "¿por qué no a mí?". Precisamente porque el sufrimiento forma parte de la experiencia humana, es importante familiarizarnos con él y desarrollar formas más sanas y constructivas de relacionarnos con este aspecto de la vida.

Para trabajar nuestra relación con el mundo entiendo que explorar la compasión es una respuesta clave.

No definimos la *compasión* como una emoción, una virtud o una actitud, simplemente la comprendemos como la capacidad natural del corazón humano para reconocer el sufrimiento propio y de quienes nos rodean, y a la vez, conectar con el sincero deseo de contribuir a aliviarlo. Se podría pensar que, si reconocemos la vulnerabilidad y el sufrimiento, podríamos perder poder o deprimirnos, pero ocurre exactamente lo contrario. Cuando dejamos de resistir o negar aquello que es difícil y nos abrimos a la verdad del sufrimiento, recibimos un regalo inesperado, que es el don de darse cuenta de la belleza y del coraje del corazón abierto a otro corazón, que es capaz de conectar y resonar con la vida en toda su profundidad, en toda su riqueza y complejidad.

La alternativa a cultivar un corazón abierto y compasivo no consiste en evitar el sufrimiento, ya que esto no es posible, sino en invertir una cantidad extraordinaria de energía para reforzar constantemente la ilusión de control. Es decir, afianzar, construir, engrosar nuestras redes de control, sin que con ello logremos realmente aislarnos del sufrimiento, muy por el contrario, aumentamos nuestra vivencia del temor, del enojo, de la culpa y del desasosiego.

La compasión es el coraje de permitir que la impresionante belleza y el tremendo sufrimiento de la vida no nos agriete y que, en cambio, podamos abrir el corazón, reconociendo que, precisamente, es esta apertura la que nos permite conectar auténticamente con los demás. Estos hilos de empatía, por donde transita un dolor

compartido, nos permiten acariciar el sentido de la vida y colaborar con la evolución humana.

La verdadera conexión solo puede nacer del reconocimiento de nuestra vulnerabilidad compartida. Todos los seres humanos somos iguales y nos une un grado de vulnerabilidad. Todos poseemos la capacidad de sufrir (vulnerabilidad) y queremos estar libres del sufrimiento, ser felices y florecer como seres humanos. De hecho, no solo compartimos esta cualidad con las demás personas, sino que, en gran medida, compartimos esta fragilidad y este deseo de felicidad con todos los seres capaces de sentir, en un nivel básico.

La compasión nos invita a abstenernos de añadir más sufrimiento a una situación que ya es dolorosa. La compasión consiste en ser un aporte, en vez de una molestia, para nosotros mismos y para quienes nos rodean.

La compasión, basada en la estabilidad no reactiva de la práctica del *mindfulness*, tiene la capacidad de detener el ciclo de sufrimiento y de ayudar a transformar situaciones difíciles, incluso cuando no podemos resolver un problema, o hacer algo concreto para mitigar un determinado sufrimiento. Siempre tenemos la libertad de decidir con qué actitud estar presentes en el mundo. Cuando practicamos estar presentes con actitud abierta y solidaria, podemos marcar una gran diferencia ante las circunstancias más difíciles.

A través del entrenamiento en la compasión no solo podemos reaccionar ante el sufrimiento de forma constructiva, sino también prevenir sufrimientos futuros al reconocer las semillas del sufrimiento que se están regando en el presente. Este carácter preventivo de la compasión demuestra la relación entre la meditación y la sabiduría, cuyos beneficios generan la capacidad de comprender la relación invisible entre las causas y las consecuencias.

Dada la importancia de aprender a darnos a nosotros mismos aquello que quisiéramos dar a los demás, empezaremos con una práctica de autocompasión.

DÉCIMOPRIMERA PRÁCTICA: CULTIVAR LA AUTOCOMPASIÓN

Siéntate en una postura cómoda y respira profundamente varias veces.

Trae a tu mente un evento o situación que esté creando dificultad o estrés en tu vida. Puede ser algo que no salió como esperabas o quizás algo que lamentas haber hecho o dicho, y por lo cual te criticas. Siente durante un momento todo lo que aparezca relacionado con ese evento.

Evoca la imagen y la presencia de alguien que te conozca muy bien y te acepte con todas tus virtudes y tus flaquezas. Si te cuesta pensar en alguien concreto, trae a la mente la imagen de alguien que admires por su amabilidad, su compasión quizás, un guía espiritual, un líder religioso, incluso algún ser imaginario sabio y amable.

Cierra los ojos, concibe la presencia de esta persona con toda la nitidez que puedas.

Pregúntate: ¿cómo me miraría esta persona?, ¿cómo me hablaría?, ¿qué me diría?

Tómate tu tiempo y deja que las palabras y las emociones emerjan a su ritmo.

Permítete ser acogido y calmado por los sentimientos de cuidado empático, cariñoso y amable que te genere este amigo compasivo. Ponte la mano en el corazón y siente cómo el pecho se expande y se relaja con cada respiración reconociendo que la energía de la imagen compasiva surge de la capacidad de compasión de tu propio corazón y tu mente.

Repite en silencio la frase que te haya surgido varias veces, tratándote como ese buen amigo, hablándote con amor y compasión.

Imagina durante un momento a todas las personas en el mundo que estén pasando por circunstancias difíciles similares a las tuyas, reconociendo que tu sufrimiento no te aísla, sino que, en realidad, te conecta con muchos otros seres humanos desde esta perspectiva ampliada. Imagina que los beneficios de esta práctica de la autocompasión también se irradian hacia muchas otras personas. Por último, comprueba si eres capaz de reconocer que, al igual que tú, todas las demás personas desean que las vean y las traten con empatía, amabilidad y compasión.

Si la siguiente aspiración resuena en tus propios valores, puedes repetirla en tu mente varias veces: "que puedas ofrecer esta empatía y compasión a los demás".

A medida que retomas tu respiración, descansa por un momento en la sensación del corazón abierto.

Escribe todo lo que hayas observado en esta experiencia.

LA AUTOCOMPASIÓN Y LA COMPASIÓN

El Dalai Lama es uno de los promotores más entusiastas de la compasión, como así también, un enorme promotor de la paz en el mundo, y señala: "Amarse uno mismo es fundamental. Si no nos amamos a nosotros mismos, ¿cómo podemos amar a los demás? Parece que cuando algunas personas hablan de compasión creen que esto

implica ignorar por completo los propios intereses, sacrificar los intereses de uno no es en realidad amor genuino. El amor debe dirigirse en primer lugar a uno mismo".

Este vínculo entre compasión y autocompasión no debería ser algo tan sorprendente, pero cuesta ponerlo en práctica. En la tradición cristiana diríamos: "Ama al prójimo como a ti mismo". Ni más ni menos. Es una ecuación, tiene equilibrio y es directamente proporcional: "aprende a amarte y aprenderás a amar al prójimo". Y más aún, en la medida que te ames, podrás amar al otro. Sin este equilibrio, el amor puede ser solo apego, puede ser apropiación, puedo tratar al otro como un objeto o puedo manipularme a mí mismo.

Solo cuando, poco a poco, trabajamos en desarrollar el hábito de tratarnos a nosotros mismos con amabilidad y compasión, empieza esta actitud a dar forma al modo en que tratamos a los demás. Por el contrario, si tenemos el hábito de juzgarnos, criticarnos con dureza, es natural que extendamos la costumbre de enjuiciar a los demás de manera abierta o velada. En cierto modo, eres solo uno de los muchos personajes en el escenario de tu mente, junto a tus amigos, colegas, familiares y demás.

A todos los personajes les afecta el tipo de conversación que mantengas en el interior de la mente; el tono, las palabras, el ritmo y la intención, tu forma de hablar a quienes te rodean suele ser el reflejo de este diálogo interior.

Observar la calidad de la conversación invisible que mantenemos con nosotros mismos es una práctica muy interesante y, cuando se empieza a prestarle atención durante la meditación, pueden surgir tomas de conciencia importantes. Las personas comienzan a darse cuenta de que llevan consigo todo tipo de autocrítica, creencias autolimitantes y juicios implacables que son prestados o heredados; gran parte de ellos suelen provenir de una edad muy temprana y en algunos casos se trata de vestigios de las voces interiorizadas de padres estrictos, maestros severos, compañeros de clase crueles o hermanos competitivos.

Estas voces tienden a aparecer precisamente cuando estamos bajo presión y nos sentimos más vulnerables y, a menudo, adquieren la categoría de verdad de verdades definitivas, aunque haya una abundancia de datos objetivos que las contradigan, es como quien padece anorexia y se sigue percibiendo gordo en el espejo.

Kristin Neff, una eminente profesora-investigadora de la autocompasión, identifica tres componentes fundamentales. El primer elemento es la *amabilidad,* que implica adoptar una postura empática y cuidadosa hacia nosotros mismos cuando nos sentimos inadecuados, incompetentes o defectuosos. El segundo componente de la autocompasión es la *humanidad compartida,* que implica no ceder a la tendencia de aislarnos cuando nos encontramos en un estado de estrés o ánimo bajo y pensamos "esto solo me puede pasar a mí"; "soy el único que no entiende esto", "soy el único que comete errores", "soy el único aburrido".

El tercer componente es el *mindfulness,* que en este contexto se refiere a la capacidad de notar la presencia del sufrimiento y observarlo sin identificarse completamente con él y sin que nos absorba del todo.

En otras palabras, significa ser consciente del sufrimiento, estar presente cuando sucede, pero sostenerlo en el espacio amplio de la consciencia, en lugar de reducir nuestra identidad al tamaño de nuestro sufrimiento particular. El componente del *mindfulness* nos pregunta: ¿puedes estar plenamente presente con esta experiencia de sufrimiento sin olvidar que eres mucho más que este sufrimiento?

El ejercicio de recordarte de forma regular estos aspectos de la autocompasión puede hacer que adoptes una actitud más equilibrada ante las emociones difíciles, de modo que no niegues ni reprimas el dolor, ni tampoco te sobreidentifiques con él.

Eres más grande que tus emociones difíciles, ¡eres enorme! Y lo mismo ocurre con el sufrimiento de los demás. Puedes abrirte a él con cariño y la intención de ayudar, pero manteniendo el espacio y la sabiduría del corazón que no se ahoga en sentimientos de malestar empático.

EJERCICIO 15. LAS NECESIDADES DETRÁS DE LAS ACCIONES

Siéntate en una postura cómoda y respira profundamente un par de veces.

Recuerda alguna situación de la que no te sientes satisfecho y por lo que te críticas, puede ser algo que dijiste o hiciste. Tómate un tiempo para recordar con cierto detalle esta situación y nota el comentario crítico que surge cuando piensas en lo ocurrido. Ahora manteniendo estos hechos en tu mente, lee la siguiente lista de necesidades humanas y comprueba si puedes identificar una o más de ellas que pudieron haber motivado tus palabras o acciones inhábiles. No se trata de hacer como que la acción estuviese bien, sino de explorar las necesidades insatisfechas que pudieron impulsar la lista de necesidades humanas básicas, tomada de la obra de Marshall Rosenberg y de la de Fernando Flores. Esta lista no pretende ser exhaustiva. Siéntete libre de añadir otras necesidades que no aparezcan en ella.

Integridad: autenticidad, creatividad, relevancia, autovaloración.

Autonomía: decidir los propios sueños, objetivos y valores, decidir un plan personal para alcanzar esos sueños, objetivos y valores.

Interdependencia: aceptación y apreciación, intimidad, comunidad, consideración, contribución al enriquecimiento de la vida, seguridad emocional, empatía, honestidad, amor, reafirmación, apoyo, comprensión, cariño, cooperación.

Respeto: seguridad, confianza.

Sustento físico: aire, comida, movimiento, ejercicio, descanso, sueño, expresión sexual, seguridad. Cobijo, tacto, agua.

Comunión espiritual: belleza, armonía, inspiración, orden, paz.

Juego: diversión, risa.

Cuerpo: la salud, la enfermedad, lesiones, disponibilidad para reunirse.

Sociabilidad: hacer nuevos amigos, mantener amistades, confiar en los demás.

Familia: tener pareja, hijos, matrimonio.

Pertenencia: participar en un club, instituciones profesionales, gubernamentales, afiliación a organizaciones ciudadanas.

Mundo: la política, el medioambiente, otros países o culturas.

Tomando las preguntas siguientes como claves para una suerte de meditación analítica, reflexiona sobre ellas y anota lo que surge:

¿Cuáles podrían ser las necesidades básicas detrás del comportamiento ineficaz que recuerdas?

¿Qué sentimientos afloran cuando reconoces las necesidades desatendidas en lugar de quedarte atascado en juicios sobre tus actos?

Deja que aflore cualquier sentimiento. ¿Hay alguna parte de ti que reconozca una necesidad legítima y, a la vez, te des cuenta de que la estrategia para satisfacerla no es oportuna? ¿Se te ocurren estrategias alternativas más hábiles para satisfacer las mismas necesidades?

¿Sería justo que alguien te definiera a ti y te etiquetara basándose solo en una acción en particular?

¿Te define realmente esta acción?, ¿captura toda la complejidad de tu ser?

Una vez terminado el ejercicio, repítelo pensando en una acción inhábil de otra persona, por ejemplo, puedes pensar en algo que dijo o hizo un compañero de trabajo, o alguien que te disgusta o provoca malestar en tu entorno.

Repasa de nuevo la lista de necesidades básicas, manteniendo en mente el evento, y a continuación reflexiona sobre las preguntas anteriores, esta vez utilizando la meditación analítica haciendo foco en la empatía con los demás.

Al reflexionar sobre aquello que más necesitamos cuando sufrimos, podemos ser conscientes de lo que otros pueden necesitar, cuando son ellos quienes sufren. Sabemos por experiencia propia que, cuando sufrimos, de nada nos sirve que nos juzguen o ridiculicen. En cambio, apreciamos cuando alguien nos ofrece comprensión, apoyo, amabilidad, paciencia y confianza en nuestra capacidad de sobrellevar el sufrimiento. Es evidente que la simple proyección de nuestras necesidades en los demás no necesariamente les va a ayudar, por eso se debe complementar la perspectiva de la humanidad compartida, con la "precisión empática", es decir *la capacidad de percibir exactamente los sentimientos y las necesidades de la otra persona*.

Para comprender a los demás necesitamos tiempo para mirar en profundidad, y esto es exactamente lo que hacemos cuando practicamos *mindfulness* en el cultivo de la compasión; hay que salir del almohadón y saltar a la práctica se vuelve relacional.

Las personas y sus necesidades no nos distraen de la práctica. Los otros, con sus virtudes y sus defectos, son la campana de la atención plena, que nos despierta de estar distraídos y ensimismados en nuestras propias preocupaciones. En última instancia es en la relación con los demás donde nuestra práctica se hace real.

LA HUMANIDAD COMPARTIDA Y LA PERCEPCIÓN COMPASIVA

Al reconocer nuestras imperfecciones y nuestra fragilidad a través del cristal de la autocompasión, podemos experimentar con mayor empatía y compasión las limitaciones de otras personas. Esto no es solo beneficioso para nosotros, porque la compasión por los demás reduce nuestro malestar y nuestra reactividad hacia sus imperfecciones, sino que también ofrece a los otros el espacio para reconsiderar sus actitudes, en vez de ponerse inmediatamente a la defensiva. La consciencia de nuestra propia falibilidad nos puede ayudar a detenernos un momento antes de juzgar automáticamente a los demás, y a intentar comprender mejor su situación y sus motivaciones desde la perspectiva de la humanidad compartida.

Si los juzgamos demasiado rápido desde una supuesta superioridad moral, corremos el riesgo de caer en la arrogancia, y el corazón ingresa en la "cerrazón mental".

Una postura aparentemente sólida, pero en realidad muy frágil, es reconocer nuestras propias imperfecciones y aprender a relacionarnos con ellas con amabilidad y una buena dosis de humor. Podemos ser más humildes y cálidos en nuestras relaciones con aquellos que nos rodean.

Del mismo modo que podemos ser más conscientes de cómo nos juzgamos a nosotros mismos, también podemos serlo sobre cómo juzgamos, clasificamos y evaluamos de forma automática a los demás. Si tenemos en cuenta lo poco que realmente sabemos de los otros y de sus circunstancias, lo más sabio sería cultivar una saludable dosis de escepticismo hacia los juicios que hacemos sobre ellos. Estos juicios solo "son una suerte de ruido mental tóxico" y además suelen estar equivocados.

Los psicólogos sociales hablan del "error de atribución fundamental", un sesgo profundamente arraigado que conlleva atribuir el comportamiento de los demás a sus disposiciones personales, en vez de pensar en sus circunstancias. En cambio, empleamos un argumento para dar cuenta de nuestra conducta. La idea de suspender los juicios apresurados y ofrecer el beneficio de la duda, en vez de precipitarnos a sacar conclusiones, no significa que debamos ser ingenuos ante las acciones ofensivas de los demás; volviendo al lenguaje de la comunicación no violenta, podemos aprender y percibir las acciones inhábiles como *expresiones trágicas de necesidades insatisfechas*.

EJERCICIO 16. MEDITACIÓN DE LA COMPASIÓN

Busca un lugar tranquilo y cómodo. Acomoda tu cuerpo de forma que puedas permanecer relajado y atento; empieza con 3 respiraciones diafragmáticas profundas.

Recuerda ahora alguna imagen compasiva que represente las cualidades de la sabiduría, la fortaleza, la aceptación y el amor. Imagina que estás en presencia de esa fuente de compasión, que eres el recipiente de su gran compasión. Siente cómo antes de esta presencia compasiva puedes ser completamente tú mismo, sin necesidad de impresionar a nadie ni demostrar nada.

Piensa ahora en algún momento de tu vida en que padecieras algún tipo de sufrimiento. Observa cómo te sientes al recordar esa experiencia; ahora imagina que ves tu propio sufrimiento a través de los ojos de esta persona, imagen o ser compasivo, con todos los sentimientos de calidez y cuidado que puedas despertar en ti.

Repite en silencio esta frase conectando lo mejor que puedas con los sentimientos que están detrás de estas palabras: "que pueda estar libre de este sufrimiento, que pueda encontrar la paz y la alegría".

Ahora piensa en alguien que te importe, algún familiar, amigo, cuyo recuerdo te haga sonreír en forma espontánea; piensa en alguna ocasión en que esa persona querida estuvo sufriendo, y, con delicada consciencia, observa cómo te sientes al traer esta imagen a tu mente.

Di varias veces en silencio las palabras siguientes procurando de nuevo conectar con los sentimientos que evocan: "que puedas estar libre de este sufrimiento, que puedas encontrar la paz y la alegría".

Evoca a alguien a quien no sientas demasiado cercano; piensa en el hecho de que esta persona, igual que tú, está viviendo altibajos en la vida, tiene sueños y aspiraciones.

Ahora imagina que pasa por unos momentos difíciles y repite: "que puedas estar libre de este sufrimiento, que puedas encontrar la paz y la alegría".

Por último, trae a tu mente una persona difícil, alguien con quien no te lleves bien o que compita contigo. Considera el hecho de que esta persona también tiene altibajos en su vida y que tal como tú desea ser feliz y libre de sufrimiento. Imagina que pasa por momentos difíciles y repite en silencio: "que puedas estar libre de sufrimiento, que encuentres la paz y la alegría".

A continuación, empieza a ampliar el campo de tu consciencia, partiendo desde ti y esas tres personas hasta considerar a todas las que viven en tu calle, en tu barrio, en tu ciudad, y repite en silencio: "que todos los seres están libres de sufrimiento. Que todos los seres estén libres de angustia. Que todos los

seres estén libres de miedo. Que todos los seres encuentren la paz y la alegría".

Por último, descansa un momento. En este estado de compasión, con el corazón y la mente abiertos, acoge la paz y la felicidad de esta actitud compasiva que puedes traer a tu mente y a tu cuerpo.

DÉCIMOSEGUNDA PRÁCTICA: ESCRIBIR UNA CARTA COMPASIVA PARA UNO MISMO

Trae a tu mente una situación difícil reciente o algo en tu vida que te esté causando estrés o sufrimiento. Puede ser un problema personal o relacional, algo que suponga un reto para tu fuerza de voluntad o alguna dificultad que estés experimentando al intentar conseguir un objetivo importante.

Escríbete **en segunda persona** una carta compasiva sobre esta experiencia, como si se la escribieras a un amigo. Es una buena idea escribir la carta después de hacer una práctica de atención plena a la respiración o la meditación sobre la compasión. Incluye en ella los siguientes elementos:

Mindfulness: Permítete pensar sobre tu estrés o tu sufrimiento. En la carta reconoce y valida tus emociones, pensamientos, necesidades y aspiraciones. Escribe sobre lo que sientes, tu sufrimiento y también sobre la necesidad insatisfecha.

Humanidad compartida: Ofrécete un mensaje común de humanidad.

Amabilidad: Bríndate un consejo compasivo y de ánimo. Háblate con cordialidad y amorosidad.

Después de escribir tu carta compasiva, puedes leerla en voz alta o guardarla para leerla cuando necesites ofrecerte compasión.

Para trabajar con *mindfulness* la relación con el mundo debemos reconocer que el sufrimiento forma parte del tejido de la vida, y que la compasión puede ser una sabia respuesta que genera paz, equilibrio personal, relacional y social.

En tanto, para cultivar la compasión debemos reconocer nuestra humanidad compartida, es decir, ver que, pese a las diferencias, estamos juntos navegando en el mismo barco de la humanidad.

TUS NOTAS

TUS NOTAS

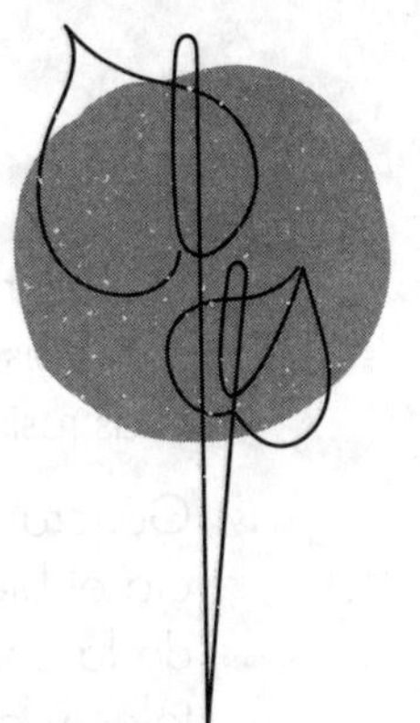

Capítulo 6

LA CONTINUIDAD DE LA PRÁCTICA DEL *MINDFULNESS*. EL DESARROLLO DE LA CONFIANZA Y DEL BIENESTAR

A veces, los frutos de algunos aprendizajes no aparecen o son menos significativos de lo que esperabas. Tienes la teoría, incorporas conceptos valiosos para tu bienestar, pero no surten los efectos esperados.

Todos sabemos por experiencia que la clave de cualquier logro es la práctica continua. Lo mismo sucede con el *mindfulness* y las actividades de este libro.

El cultivo de la atención plena, del equilibrio emocional y del bienestar es un proceso que requiere regularidad. Tiene altibajos, por eso, perseverar en los ejercicios es la llave para incorporar a nuestra vida nuevos hábitos mentales y emocionales. El efecto de estos nuevos hábitos es la serenidad y la paz.

Los aspectos fundamentales del *mindfulness*, y del programa de este libro, son más experienciales que intelectuales, la mera comprensión de las ideas principales no puede reemplazar al esfuerzo y los beneficios de la práctica regular.

Si la práctica no se realiza con frecuencia, es probable que sus efectos no perduren, porque de forma natural se impondrán los viejos hábitos, que han estado contigo durante años.

Habitar nuevos hábitos requiere compromiso y disciplina y, solo insistiendo en los ejercicios venceremos los obstáculos y las resistencias internos.

Generar nuevos hábitos implica seguir el impulso hacia el bienestar y vencer la inercia de la comodidad y de la costumbre. Los viejos hábitos emocionales, mentales y conductuales convierten las conexiones neuronales en estables, de largo plazo, como surcos cerebrales, como avenidas iluminadas por donde circula la información que lleva las respuestas de siempre ante los estímulos cotidianos. Las rutinas aprendidas traccionan para evitar ser abandonadas, los nuevos senderos de información crean nuevas conexiones, iluminando otros senderos cerebrales y, a la vez, pierden fuerza los viejos senderos, que se van apagando. De ese modo, surgen "otras autopistas" por donde circulará la nueva información, con nuevas respuestas para los estímulos de la vida, lo que, con el tiempo, hará más fácil la utilización de los nuevos aprendizajes y la aparición de los beneficios prometidos.

Quisiera compartir algunas estrategias que te ayudarán a reforzar cualquier impulso e inspiración que hayas obtenido al practicar *mindfulness*, y que te permitirán relacionarte con la resistencia y los obstáculos que naturalmente aparecen.

Dedicaremos un momento a analizar la propia resistencia y las dificultades, así como los recursos de los que dispones para mantener una práctica regular, la previsión de los posibles obstáculos aleja el factor sorpresa, lo cual nos ayuda a encontrar formas creativas de anticiparnos a ellos o de abordarlos con eficacia.

Además, estas sugerencias cobrarán mayor sentido cuando tengas una idea clara de tu situación concreta.

EJERCICIO 17. IDENTIFICAR LOS OBSTÁCULOS, LA RESISTENCIA Y LOS RECURSOS

En este ejercicio reflexionarás sobre todo lo que se te puede presentar como obstáculo, resistencias a establecer o mantener una práctica regular.

Además de algunos posibles recursos que te ayuden a afrontarlos, la intención aquí es utilizar la reflexión y la escritura para identificar a los "sospechosos habituales" que se pueden interponer en tu camino.

Utiliza las siguientes instrucciones como guía y modifícalas según te convenga.

Comienza el ejercicio con una breve práctica de concentración y luego dedica un par de minutos a cada paso antes de continuar con el siguiente.

Siéntate en posición de meditación en una postura cómoda y a la vez alerta, con las manos relajadas y los ojos cerrados. Observa tu cuerpo sintiendo el contacto con la silla o el suelo.

Sigue con las respiraciones profundas cerrando completamente el torso y soltando después todo el aire.

Con el ojo de la mente contempla la vida cotidiana, cómo se estructuran los días y las semanas. Piensa los horarios, las costumbres y las rutinas diarias.

Imagina que estableces una práctica diaria de meditación, ¿cómo sería? Piensa cómo podrías buscar espacio para la práctica procurando ser lo más concreto y realista que puedas.

Escribe todas las ideas que se te ocurran.

Ahora piensa un momento en las resistencias interiores y los obstáculos exteriores que se pueden interponer en la práctica. Escríbelos.

Por último, piensa los recursos interiores y exteriores que te puedan ayudar a prevenir o a tratar de forma efectiva los obstáculos y resistencias que hayas relacionado antes.

Lee las respuestas, y piensa si hay algo más que quieras añadir al pensar en las resistencias, los obstáculos y los recursos. Procura hacerte una imagen más clara de lo que supondría establecer una práctica regular.

Establecer una práctica regular

Ahora tienes una noción más clara de tu situación en cuanto a lo que a la práctica se refiere. Piensa en la confianza que ganarás cada vez que venzas tu inercia y te pongas a generar alguna práctica del *mindfulness*. Lo mismo te sucederá con cualquier otra área de tu vida, a medida que practiques, aumentarán tu confianza y autoestima.

Estas sugerencias no son verdades universales, sino pautas generales que puedes probar para ver si tienen sentido en tu propia experiencia.

Primero te propongo algunos principios generales, y después pasaremos a sugerencias concretas para colaborar con tu organización y agenda, para llevar adelante una práctica que te permita tomar confianza y nutrirte de los beneficios del bienestar que trae llevarla adelante.

• Fíjate expectativas realistas

Las expectativas no realistas generan naturalmente una resistencia interior a la práctica, además, generan decepción, porque al ser tan difíciles de llevar a cabo, nos desmotivamos pensando que algo en nosotros anda mal. En realidad, lo que anda mal es que fijamos expectativas "ideales no reales".

• Celebra los pequeños logros

El cerebro y la mente tienen tendencia a centrarse en lo que está mal y en lo que no funciona, por esto, es importante prestar atención a la manera intencionada en la que sí funciona tu práctica y dedicar cierto tiempo a saborear el placer que proporcionan las pequeñas victorias, los pequeños logros, por ejemplo, es importante observar y celebrar cualquier momento en que, a causa de tu práctica, el malestar emocional no se incremente hasta llegar a convertirse en pánico.

Otros momentos que podrás catalogar como pequeños logros son:

Cuando identifiques un pensamiento autocrítico de simplemente otro pensamiento.

Cuando te decidas por el perdón, en vez de aferrarte al resentimiento.

Cuando te tomes un momento para calmarte y elijas no ir por el camino de la agresividad, evitando así que se agudice una discusión acalorada.

- **Identifica las resistencias interiores**

Existe una relación importante entre la resistencia a la experiencia (que se presente en el momento) y el desequilibrio emocional. Las emociones difíciles se alimentan de la reticencia a aceptar lo que ocurre en nuestro interior y fuera de nosotros, y establecer una relación con todo ello. Por consiguiente, una clave para la práctica diaria está en tener plena consciencia de las situaciones, las personas, las emociones y los pensamientos que te provocan resistencia, y analizar la posibilidad de responder de otra forma, en lugar de limitarte a reaccionar.

- **Ve en las relaciones un campo para la práctica**

Como seres humanos, nuestra existencia sucede en la relación y la interdependencia.

Nuestra vida emocional influye en la forma en que nos relacionarnos con los demás, a la vez, está influida por ella. Cuando nos involucramos en la práctica con las relaciones, comenzamos a ver que nuestra mejor forma de crecer es en las relaciones. Allí podemos ver cómo son realmente nuestra mente, nuestro cuerpo, nuestros sentidos y nuestros pensamientos, porque las relaciones son un excelente espejo para vernos.

Otra sugerencia es tener presentes *los elementos fundamentales de la práctica (la atención, la consciencia, la ecuanimidad, la empatía, la compasión), que pueden ser entrenados en las relaciones con los demás.*

- **Crea un espacio específico para la práctica**

Es muy importante encontrar un rincón tranquilo y mantenerlo como lugar preparado para practicar en él la meditación. No necesitas toda una habitación, ni un lugar exquisitamente dispuesto, basta con un rincón, un par de metros cuadrados en cualquier habitación. Si ya dispones de un espacio donde meditar, no hace falta que lo armes cada vez que vayas a practicar. Puedes tener siempre ahí un almohadón o una sillita para la meditación, además de algunos libros, imágenes que te motiven, flores, algún incienso, una piedra, cualquier elemento que evoque las cualidades que vas a cultivar en ese momento. Ninguno de estos objetos es necesario, pero te pueden ayudar a crear un espacio inspirador en el que quieras pasar algún tiempo.

- **Escoge una hora que te vaya bien**

La gente varía mucho en sus preferencias y predisposiciones, pero puede ser una buena idea establecer una hora regular para la práctica de la meditación, en vez de decidirla cada vez que vayas a efectuarla. No importa si realizas la práctica a primera hora de la mañana o a última de la noche o en alguna hora durante el día. Se trata de no esperar el momento perfecto, no existe, ni de sentir un deseo o una necesidad urgente de meditar, sino de hacerlo con regularidad, como harías cualquier otro hábito, como lavarte los dientes.

Empieza con sesiones cortas. Normalmente, es mejor comenzar con sesiones cortas, pero regulares de 10 o 15 minutos, para después ir alargándolas progresivamente hasta 25 o 30 minutos. Aunque utilices las meditaciones guiadas, puedes parar la grabación y descansar un momento si lo necesitas. Como norma general, es mejor acabar la sesión cuando aún te sientas entusiasmado con ella, en vez de terminarla con la sensación de haber quedado agotado.

• Decide de antemano el tema o ejercicio que practicarás

Decidir qué vas a practicar en el momento en que te sientes te puede provocar confusión y agotamiento. Parece que la mente necesita un poco de estructura y cierta previsión.

Elige cualquier actividad sugerida en este libro o en cualquier otro libro de meditación o de *mindfulness* que escojas.

• Ten siempre en cuenta los elementos fundamentales del *mindfulness*

Las prácticas del *mindfulness* necesitan que tengas en mente los aspectos fundamentales de la atención plena, para que puedas evocarlos cuando lo necesites. Ellos son: *la consciencia de la respiración, la consciencia de las sensaciones, los pensamientos y las emociones, el perdón, la amabilidad, la compasión hacia ti mismo y hacia los otros.*

Una forma sencilla de mantener vivas estas prácticas básicas, y de que sigan siendo relevantes, es establecer tus intenciones para el día, por ejemplo, la intención de cultivar una mente serena y un corazón abierto, revisar tus propósitos por la noche, dedicando un rato a apreciar todos los momentos en que fuiste capaz de encarnar, y realizar tus intenciones de la mañana.

• **Utiliza un diario de meditación**

Ten algunos registros de tu práctica, de las ideas que te aparecen. Grandes ideas pueden surgir durante tu meditación; toma registro de ellas, no te las pierdas, son un tesoro.

• **Conecta con otras personas y otros recursos**

Reunirse con unas cuantas personas o un grupo para practicar la meditación es una excelente forma de mantener vivos la motivación y tu compromiso en la práctica.

Además de los recursos que señalé en cualquiera de los ejercicios de *mindfulness* de este libro u otros que busques, es una buena idea conectar con grupos y clases de meditación locales, y asistir a charlas de interés sobre estos temas.

Algunas prácticas grupales no son idénticas a las que aprendiste y es muy probable que el apoyo y la energía del grupo te sean muy beneficiosos.

TUS NOTAS

Conclusión

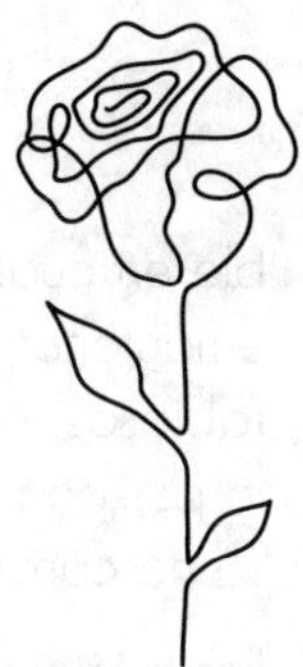

Igual que el entrenamiento físico, el *mindfulness* requiere regularidad y esfuerzo; no me refiero al tipo de esfuerzo que te hace apretar los dientes y que te estresa, sino un esfuerzo amable, motivado por el respeto hacia ti mismo y tu legítimo deseo de vivir una buena vida.

Como todo en la vida, la práctica es un proceso que se despliega continuamente, y que está siempre cambiando.

A medida que vayas prestando atención a este sutil aspecto de la vida, empezarás a reconocer nuevas intenciones y perspectivas, como las ramas nuevas que brotan del árbol.

Si te distraes, te falta disciplina y no practicas tanto como habías previsto, no te castigues, porque con ello no harás más que acrecentar la resistencia. Atiende al proceso orgánico que se despliega dentro de ti en vez de obsesionarte con disponer de las condiciones perfectas.

Haz lo mejor que puedas en el momento que puedas. Aunque solo practiques un poco, irás alcanzando progresivamente tus objetivos, gota a gota se llenan grandes recipientes.

Por último, te diré que la belleza del *mindfulness* es la posibilidad de volver a empezar aquí y ahora. Lo que ocurrió el año pasado, la semana pasada, o la respuesta a un correo hace 5 minutos ya pasó. Conectar con un sentido de libertad incondicional y completa es posible en cualquier momento de la consciencia plena. Las emociones se producen, de nuestra boca salen palabras rabiosas, como sale el conejo de la galera del mago, y la persona que adorábamos hace 5 minutos, de repente se ha convertido en un demonio.

Los teóricos de la emoción, como Paul Ekman, aseguran que esto es lo que significa ser seres sintientes. Las emociones son una parte exquisita del ser humano, pueden ser comprendidas, tienen causas y cumplen funciones, de algún modo se comportan de forma previsible. Como señalaba en algunos de los capítulos relacionados con la ira y con el miedo, esta interpretación intelectual puede contribuir a normalizar las emociones, hacerlas más amables con el usuario, y menos amenazantes.

Ayuda mucho recordar que, cuando te encuentras en el período refractario del miedo, todo parece más peligroso y amenazador. *Mindfulness* es aquello que nos permite reconocer el período refractario cuando se está produciendo, y lo que crea es un espacio en la mente, para poder identificar las percepciones distorsionadas provocadas en dicho período.

La consciencia plena es la llave que abre el poder de este entendimiento intelectual y nos permite utilizarlo en el instante en que surge la emoción, justo en ese momento, puede ser al recibir un correo inquietante, cuando nos dan una mala noticia relacionada con la salud, o cuando tenemos una conversación tensa con nuestra pareja.

En un momento de auténtico *mindfulness*, no solo hay consciencia, sino también perdón y amor, lo que sea que surja se recibe con aceptación. Este amor trasciende el deseo y el apego individuales y nos conduce directamente a una dimensión de nosotros mismos que va más allá de nuestra historia personal, otorgándonos el acceso directo a la fuente inagotable de amabilidad y compasión que llevamos dentro.

Mediante las prácticas del cultivo de la amabilidad, de la compasión del corazón, la mente se hace más flexible, y la flexibilidad es la base de la resiliencia. Lo que estaba congelado se empieza a derretir. Los bordes endurecidos comienzan a ablandarse y se abren las puertas del corazón que estaban cerradas.

Tal vez lo más importante sea que nos demos cuenta de que no estamos solos. Estas prácticas nos recuerdan la humanidad compartida, y esta consciencia no solo nos alivia el dolor y el sufrimiento, sino que nos acerca más a los demás. Aunque no nos conozcamos, estamos unidos en este camino.

Gracias por compartir el interés por el *mindfulness* y por todos los aprendizajes surgidos de este encuentro llamado "libro".

Escribir un libro es abrir una conversación que se convierte en diálogo con tu lectura.

En este diálogo generamos una nueva relación. ¡Que sea de gratitud es mi máximo deseo!

BIBLIOGRAFÍA

Alonso Puig, Mario. *Tómate un respiro. Mindfulness*. Madrid, Editorial Espasa, 2021.

Badino, Clara y Vanoni, Margarita. *El poder de mindfulness*. Editorial Grijalbo, 2021.

Cándarle, Javier. *Mindfulness: del sufrimiento al Bien-estar*. Buenos Aires, Vergara Editores, 2021.

Cullen, Margaret y Brito Pons, Gonzalo. *Mindfulnessy equilibrio emocional*. Málaga, Editorial Sirio, 2015.

Flores, Fernando. *Conversaciones para la acción*. Bogotá, Lemoine Editores, 2015.

García Aros, Laura. *Mindfulness: observar, escuchar, respirar, detenerse*. Buenos Aires, Grijalbo, 2022.

Kabat-Zinn, Jon. *Despertar*. Barcelona, Editorial Kairós, 2019.

Kabat-Zinn, Jon. *La meditación no es lo que crees*. Barcelona, Editorial Kairós, 2019.

Kabat-Zinn, Jon. *La práctica de la atención plena*. Barcelona, Editorial Kairós, 2019.

Kabat-Zinn, Jon. *Mindfulness en la vida cotidiana*. Buenos Aires, Ediciones Paidós, 2015.

Kabat Zinn, Jon. *Vivir con plenitud las crisis*. Barcelona, Editorial Kairós, 2021.

Levey, Joel y Levey, Michelle. *Meditación para principiantes*. Barcelona, Editorial Oniro, 2001.

Molins Roca, Jaci. *Coaching: salud y bienestar*. Madrid, Editorial Síntesis, 2019.

Rinpoche, Phakchok y Solomon, Erric. *Radicalmente feliz*. Madrid, Editorial Gaia, 2018.

Rosenberg, Marshall B. *Comunicación no violenta*. Buenos Aires, Aldea Editores, 2013.

Thich Nhat Hanh. *El Milagro de Mindfulness*. México DF, Editorial Oniro, 2019.